周易古义
老子古义

杨树达 著

新校本

图书在版编目（CIP）数据

周易古义·老子古义：新校本／杨树达著．――北京：九州出版社，2024.3
　ISBN 978-7-5225-2739-0

Ⅰ.①周…　Ⅱ.①杨…　Ⅲ.①《周易》-注释②《道德经》-注释　Ⅳ.①B221.2②B223.12

中国国家版本馆 CIP 数据核字（2024）第 063336 号

周易古义·老子古义：新校本

作　　者	杨树达　著
责任编辑	王文湛
出版发行	九州出版社
地　　址	北京市西城区阜外大街甲 35 号（100037）
发行电话	（010）68992190/3/5/6
网　　址	www.jiuzhoupress.com
印　　刷	鑫艺佳利（天津）印刷有限公司
开　　本	880 毫米×1230 毫米　　32 开
印　　张	8.375
字　　数	188 千字
版　　次	2024 年 10 月第 1 版
印　　次	2024 年 10 月第 1 次印刷
书　　号	ISBN 978-7-5225-2739-0
定　　价	49.00 元

★版权所有　　侵权必究★

出版说明

梅贻琦先生曾言："所谓大学者，非谓有大楼之谓也，有大师之谓也。"而传世之书，也多为大家名家之作。"大家丛书"甄选清末西学东渐以来，历经检验、广获认可的人文、社科等领域大家之作，所选皆现存版本中之较优者。编辑过程中，凡遇疑误之处，则参用多个版本比对核校；除明显错讹外，一般不作修改，以呈现文献原貌，请读者明鉴。

目 录

周易古义

周易古义序 ·· 3

周易古义自序 ·· 5

周易古义卷一（上经）·· 6

 易 ·· 6

 乾 ·· 7

 坤 ·· 17

 屯 ·· 22

 蒙 ·· 24

 需 ·· 25

 讼 ·· 25

 师 ·· 26

比 …………………………………………………… 28

小畜 ………………………………………………… 29

履 …………………………………………………… 30

周易古义卷二（上经） ……………………………… 31

泰 …………………………………………………… 31

否 …………………………………………………… 34

同人 ………………………………………………… 36

大有 ………………………………………………… 37

谦 …………………………………………………… 38

豫 …………………………………………………… 40

随 …………………………………………………… 42

蛊 …………………………………………………… 43

临 …………………………………………………… 44

观 …………………………………………………… 44

噬嗑 ………………………………………………… 46

贲 …………………………………………………… 46

剥 …………………………………………………… 48

复 …………………………………………………… 48

无妄 ………………………………………………… 50

大畜 ………………………………………………… 51

颐 …………………………………………………… 52

大过 ………………………………………………… 52

坎 …………………………………………………… 53

离 …………………………………………………… 54

周易古义卷三(下经) …… 56

咸 …… 56
恒 …… 57
遯 …… 58
大壮 …… 59
晋 …… 59
明夷 …… 60
家人 …… 61
睽 …… 63
蹇 …… 64
解 …… 65
损 …… 65
益 …… 67
夬 …… 68
姤 …… 69
萃 …… 69
升 …… 70
困 …… 70
井 …… 72

周易古义卷四(下经) …… 74

革 …… 74
鼎 …… 76
震 …… 78
艮 …… 79

渐	80
归妹	80
丰	81
旅	83
巽	84
兑	84
涣	85
节	86
中孚	87
小过	89
既济	89
未济	90

周易古义卷五 92
    系辞上传 92

周易古义卷六 111
    系辞下传 111

周易古义卷七 128
    说卦传 128
    序卦传 134

老子古义

老子古义自序	137
老子古义卷上	139
一章	139
二章	142
三章	144
四章	146
五章	147
六章	148
七章	149
八章	150
九章	150
十章	151
十一章	152
十二章	153
十三章	154
十四章	156
十五章	157
十六章	158
十七章	159
十八章	160
十九章	160

二十章 …… 161
二十一章 …… 162
二十二章 …… 163
二十三章 …… 164
二十四章 …… 165
二十五章 …… 165
二十六章 …… 167
二十七章 …… 168
二十八章 …… 170
二十九章 …… 172
三十章 …… 173
三十一章 …… 173
三十二章 …… 174
三十三章 …… 175
三十四章 …… 176
三十五章 …… 176
三十六章 …… 177
三十七章 …… 179

老子古义卷中 …… 181
三十八章 …… 181
三十九章 …… 186
四十章 …… 188
四十一章 …… 188
四十二章 …… 190

四十三章	192
四十四章	194
四十五章	196
四十六章	197
四十七章	200
四十八章	202
四十九章	203
五十章	203
五十一章	205
五十二章	205
五十三章	207
五十四章	208
五十五章	210
五十六章	210
五十七章	211

老子古义卷下 …… 214

五十八章	214
五十九章	217
六十章	219
六十一章	221
六十二章	222
六十三章	223
六十四章	226
六十五章	229

六十六章 …………………………………… 230
六十七章 …………………………………… 231
六十八章 …………………………………… 233
六十九章 …………………………………… 233
七十章 ……………………………………… 234
七十一章 …………………………………… 235
七十二章 …………………………………… 236
七十三章 …………………………………… 236
七十四章 …………………………………… 239
七十五章 …………………………………… 240
七十六章 …………………………………… 241
七十七章 …………………………………… 241
七十八章 …………………………………… 242
七十九章 …………………………………… 243
八十章 ……………………………………… 244
八十一章 …………………………………… 245

汉代老学者考 …………………………………… 246

周易古义

周易古义序

秦燔六经，《易》以卜筮独存。《汉书·艺文志·六艺略》载《易》十三家，惟孟喜、京房之学传习者多。迄于东汉，郑、陆、荀、虞，皆其绪也。今之治汉《易》者，若惠氏栋、张氏惠言，于两汉《易》说，存佚扶微，厥功甚巨；然举其大，不外爻辰卦气一偏之主张，于《易》之本义无与也。门人长沙杨遇夫近辑《周易古义》一书，遍采经、传，周、秦诸子，司马、班、范、《三国》四史，两汉儒书，比傅经文，存其旧谊，间附考证，不事繁征。执以示余。余曰：此诚善说《易》者也。曩尝言考据之学，至有清乾嘉诸儒既博且精；然博则昧于多闻阙疑，精或误于碎义巧说。如桓谭讥秦近君说《书·尧典》"曰若稽古"三万言，班固论齐、韩二家传《诗》，好采杂说，非其本义。今之儒者，或不免同蹈此弊。况《易》教广大，体象至繁。古之学者，三年而通一艺，存其大体，玩经文，是故用日少而畜德多，以之治《易》，尤为切要。今所采古义，不专一家一师之言，其中明人事、近义理者多，是可推见《易》之本义，不言天而言人。王、韩二家《注》，知之而宗尚虚玄，流于老、庄，致可惜也。此书出于汉魏人注家之失，皆有所借鉴而自得，寻其指归。夫而后知《易》之以卜筮而存者，不必以卜筮而明。盖卜筮亦人事之一端，非三圣作《易》之心传，孔门寡过之学旨，即于是乎尽之也。古义日明，野言自息，是则作者撰述之旨也夫！甲子三伏，同学兄叶德辉序。

周易古义自序

余年十七八，始治《易》，颇不然汉儒象数之说，而独喜宋程子书，以为博大精深，切于人事，与孔子系《易》之义为近。私谓今所传汉儒之说，殆一家之学，非其全也。及涉猎《史》、《汉》、诸子，见有说《易》者，大要皆明人事，则大喜；以为说《易》之道当如此矣。乃窃仿仪征阮氏集《诗书古训》之例，辑而录之，凡得百许事。乙巳之岁，年二十一，感于国难，发愤出游，此书不复在心目。辛亥兵兴，困饿于倭之故都，治任归来，颇理旧业。发箧陈书，曩所比辑，赫然在焉。遂复赓续，置之行箧，时有增益。去岁更遍检类书，多所补缀。盖自始事以迄今兹，凡历二十六七载矣。《汉书·儒林传》记丁宽已从田何受《易》，至洛阳复从周王孙受古义。然则《易》有古义旧矣；窃取其义，以名兹编。甄采所及，断自三国。以晋人书有王辅嗣之书具在，其他多以清谈为说，不足复录故也。呜呼！逮白首而无成，忆青灯之有味，循览是编，盖不胜其掩卷太息之情也。民国十七年十二月蔡将军云南起义纪念日，长沙杨树达书。

周易古义卷一（上经）

易

《论语·述而篇》 子曰："加我数年，五十以学《易》，可以无大过矣。"

《左传》昭二年 晋侯使韩宣子来聘，见《易象》与《鲁春秋》，曰："周礼尽在鲁矣。吾今乃知周公之德，与周之所以王也。"

《礼记·祭义篇》 昔者圣人建阴阳天地之情，立以为《易》。易抱龟南面，天子卷冕北面；虽有明知之心，必进断其志焉，示不敢专，以尊天也。

又《经解篇》 絜静精微，《易》教也。《易》之失贼。其为人也，絜静精微而不贼，则深于《易》者也。

《管子·山权数篇》 《易》者，所以守凶吉成败也。

《庄子·天下篇》 《易》以道阴阳。

《荀子·大略篇》 善为《易》者不占。

《汉书·艺文志》 《易》曰："宓戏氏仰观象于天，俯观法于地，观鸟兽之文，与地之宜，近取诸身，远取诸物，于是始作八卦，以通神明之德，以类万物之情。"至于殷、周之际，纣在上位，逆天暴物，文王以诸侯顺命而行道，天人之占可得而效，于是重《易》六爻，作上下篇。孔氏为之《彖》、《象》、《系辞》、《文言》、《序卦》之属十篇。故曰：《易》道深矣！人更三圣，世历三古。

乾

《大戴礼记·保傅篇》 《春秋》之元，《诗》之《关雎》，《礼》之冠婚，《易》之乾𝌇，皆慎始敬终云尔。

《释名·释天》 天，《易》谓之乾。乾，健也；健行不息也。

乾：元，亨，利，贞。

《论衡·刺孟篇》 夫利有二：有货财之利，有安吉之利。惠王曰："何以利吾国？"何以知不欲安吉之利，而孟子径难以货财之利也？《易》曰："利见大人。""利涉大川。""乾：元，亨，利，贞。"《尚书》曰："黎民亦有利哉！"皆安吉之利也。

初九：潜龙勿用。

《左传》昭二十九年 史墨曰："龙，水物也。水官弃矣，故龙不生得。不然，《周易》有之：在《乾》䷀之《姤》䷫曰：'潜龙勿用。'其《同人》䷌曰：'见龙在田。'其《大有》䷍曰：'飞龙在天。'其《夬》䷪曰：'亢龙有悔。'其《坤》䷁曰：'见群龙无首，吉。'《坤》之《剥》䷖曰：'龙战于野。'若不朝夕见，谁能物之？"

《新书·容经篇》　龙也者，人主之辟也。亢龙往而不返，故《易》曰"有悔"。悔者，凶也。潜龙入而不能出，故曰"勿用"。勿用者，不可也。

《淮南子·人间训》　古者，五帝贵德，三王用义，五霸任力。今取帝王之道而施之五霸之世，是由乘骥逐人于榛薄，而蓑笠盘旋也。今霜降而树谷，冰泮而求获，欲其食，则难矣。故《易》曰"潜龙勿用"者，言时之不可行也。故"君子终日乾乾，夕惕若厉，无咎"。终日乾乾，以阳动也；夕惕若厉，以阴息也。因日以动，因夜以息，惟有道者能之。

> 树达按：《艺文志》班氏自注云："淮南王安聘明《易》者九人，号九师法。"此盖其遗说矣。

《后汉书·鲁恭传》　恭议奏曰："《易》曰：'潜龙勿用。'言十一月、十二月阳气潜藏，未得用事。虽煦嘘万物，养其根荄，而犹盛阴在上，地冻水冰，阳气否隔，闭而成冬。故曰：'履霜坚冰，阴始凝也；驯致其道，至坚冰也。'言五月微阴始起，至十一月坚冰至也。"

阮籍《通易论》　《易》之为书也，本天地，因阴阳，推盛衰，出自幽微以致明著。故《乾》元初"潜龙勿用"，言大人之德隐而未彰，潜而未达，待时而兴，循变而发。

九二：见龙在田，利见大人。

《左传》昭二十九年　见"初九"条。

《论衡·刺孟篇》　见"乾元亨利贞"条。

《意林》四引《风俗通》　《易》云："利见大人。"大人与圣人，其义一也。

《蜀志·刘封传》　孟达与封书曰："陛下大军，金鼓以震，当转都宛、邓。若二敌不平，军无还期。足下宜因此时早定良计。《易》有'利见大人',《诗》有'自求多福',行矣。今足下勉之。"

九三：君子终日乾乾，夕惕若厉，无咎。

《淮南子·人间训》　见"初九"条。

《汉书·王莽传》上　张竦为陈崇草奏称莽功德云："开门延士，下及白屋；娄省朝政，综管众治。亲见牧守以下，考迹雅素，审知白黑。《诗》云：'夙夜匪解，以事一人。'《易》曰：'终日乾乾，夕惕若厉。'公之谓矣。"

九五：飞龙在天，利见大人。

《左传》昭二十九年　见"初九"条。

《史记·蔡泽传》　语曰："日中则移，月满则亏。"物盛则衰，天地之常数也；进退盈缩，与时变化，圣人之常道也。故国有道则仕，国无道则隐。圣人曰："飞龙在天，利见大人。"

《汉书·郊祀志》　武帝制诏御史云："朕临天下二十有八年，天若遗朕士而大通焉。《乾》称'飞龙'，'鸿渐于般'，朕意庶几与焉。"

又《王褒传》　褒《圣主得贤臣颂》云："故世必有圣知之君，而后有贤明之臣。故虎啸而风冽，龙兴而致云，蟋蟀俟秋唫，蜉蝤出以阴。《易》曰：'飞龙在天，利见大人。'《诗》曰：'思皇多士，生此王国。'故世平主圣，俊艾将自至，若尧、舜、禹、汤、文、武之君，获稷、契、皋陶、伊尹、吕望，明明在朝，穆穆列布，聚精会神，相得益章。虽伯牙操递钟，逢门子弯乌号，犹未足以喻其意也。"《汉纪》二十《宣帝纪》略同。

《文选》五十一王褒《四子讲德论》　非有圣智之君，恶有甘棠之臣。故虎啸而风寥戾，龙起而致云气，蟋蟀俟秋唫，蜉蟠出以阴。《易》曰："飞龙在天，利见大人。"鸣声相应，仇偶相从。人由意合，物以类同。是以圣主不遍窥望而视以明，不殚倾耳而听以聪。何则？淑人君子，人就者众也。

《蜀志·先主传》 许靖等上言："间黄龙见武阳赤水，九日乃去。《孝经援神契》曰：'德至渊泉，则黄龙见。'龙者，君之象也。《易·乾》九五：'飞龙在天。'大王当龙升，登帝位也。"

上九：亢龙有悔。

《左传》昭二十九年 见"初九"条。

《新书·容经篇》 见"初九"条。

《淮南子·缪称训》 同言而民信，信在言前也；同令而民化，诚在令外也。圣人在上，民迁而化，情以先之也；动于上不应于下者，情与令殊也。故《易》曰："亢龙有悔。"

《史记·蔡泽传》 《易》曰："亢龙有悔。"此言上而不能下，信而不能诎，往而不能自返者也。

《后汉书·阴兴传》 帝后召兴，欲封之，置印绶于前。兴固让曰："臣未有先登陷阵之功，而一家数人并蒙爵土，令天下觖望，诚为盈溢。臣蒙陛下、贵人恩泽至厚，富贵已极，不可复加，至诚不愿。"帝嘉兴之让，不夺其志。贵人问其故，兴曰："贵人不读书记邪？'亢龙有悔'。"

用九：见群龙无首，吉。

《左传》昭二十九年 见"初九"条。

《说苑·至公篇》 《书》曰："不偏不党，王道荡荡。"言至公也。古有行大公者，帝尧是也。贵为天子，富有天下，得舜而传之，不私于其子孙也。去天下若遗蹝，于天下犹然，况其细于天下乎！非帝尧孰能行之？孔子曰："巍巍乎！惟天为大，惟尧则之。"《易》曰："无首吉。"此盖人君之公也。

象曰：大哉，乾元。万物资始，乃统天。

《魏志·管辂传》注引《辂别传》 辂不解古之圣人何以处乾位于西北，坤位于西南。夫乾坤者，天地之象，然天地至大，为神明君父，覆载万物，生长抚育，何以安处二位与六卦同列？《乾》之彖象曰："大哉乾元，万物资始，乃统天。"夫统者，属也，尊莫大焉！何由有别位也？

时乘六龙以御天。

《潜夫论·本训篇》 天道曰施，地道曰化，人道曰为。为者，盖所谓感通阴阳而致珍异也。人行之动天地，譬犹车上御驰马，篷中擢舟船矣。虽为所覆载，然亦在我何所之耳。孔子曰："时乘六龙以御天。""言行，君子所以动天地也，可不慎乎！"

《后汉纪》十六《安帝纪》 见下《文言》"乾始能以美利利天下"条。

《续汉书·五行志》一 《易》曰："时乘六龙以御天。"行天者莫若龙，行地者莫如马。

乾道变化，各正性命。

《申鉴·杂言下篇》 《易》称"乾道变化，各正性命"，是言万物各有性也。"观其所感，而天地万物之情可见矣"，是言情者应感而动者也。昆虫草木，皆有性焉，不尽善也。天地圣人，皆称情焉，不主恶也。又曰"爻象以情言"，亦如之。凡情意心志者，皆性动之别名也。"情见乎辞"，是称情也；"言不尽意"，是称意也；"中心好之"，是称心也；"以制其志"，是称志也。惟所宜各称其名而已；情何主恶之有？

首出庶物，万国咸宁。

《后汉纪》七《光武纪·论》 袁宏曰："《书》称'协和万邦'，《易》曰'万国咸宁'。然则诸侯之治，建于上古，未有知其所始者也。"

象曰：天行健，君子以自强不息。

《后汉书·黄琼传》 琼上疏奏曰："臣闻先王制典，籍田有日，司徒咸戒，司空除坛。先时五日，有协风之应，王即斋宫，飨醴载耒，诚重之也。自癸巳以来，仍西北风，甘泽不集，寒凉尚结。迎春东郊，既不躬亲；先农之礼，所宜自勉，以逆和气，以致时风。《易》曰'君子自强不息'，斯其道也。"

《中论·治学篇》 志者，学之帅也；才者，学之徒也。学者不患才之不赡，而患志之不立。是以为之者亿兆，而成之者无几：故君子必立其志。《易》曰："君子以自强不息。"

终日乾乾，反复道也。

《白虎通·天地篇》 君舒臣疾，卑者宜劳。天所以反常行何？以为阳不动无以行其教，阴不静无以成其化，虽终日乾乾，亦不离其处也。故《易》曰："终日乾乾，反覆道也。"

树达按：《音义》云："反复，本亦作覆。"此引与彼一本合。

飞龙在天，大人造也。

《汉书·刘向传》 向上封事云："故贤人在上位，则引其类而聚之于朝，《易》曰：'飞龙在天，大人聚也。'在下位，则思与其类俱进，《易》曰：'拔茅茹以其汇，征吉。'在上则引其类，在下则推其类，故汤用伊尹，不仁者远而众贤至，类相致也。"《汉纪》二十二《元帝纪》文略同。

树达按：《音义》云："造，刘歆父子作聚。"此文正合。《汉书》本传云："歆及向始皆治《易》。"

文言曰：元者，善之长也；亨者，嘉之会也；利者，义之和也；贞者，事之干也。君子体仁足以长人，嘉会足以合礼，利物足以和义，贞固足以干事。

《左传》襄九年　见卷二"随彖"条。

《文献通考》二百八引《子思子》　孟轲问："牧民之道何先？"子思曰："先利之。"孟轲曰："君子之教民者，亦仁义而已，何必曰利？"子思曰："仁义者，固所以利之也。上不仁则不得其所，上不义则乐为诈：此为不利大矣。故《易》曰：'利者，义之和也。'又曰：'利用安身，以崇德也。'此皆利之大者也。"《孔丛子·杂训篇》略同。又见《郡斋读书志》卷二引。

确乎其不可拔。

《蜀志·秦宓传》　宓答王商书云："昔尧优许由，非不弘也，洗其两耳；楚聘庄周，非不广也，执竿不顾。《易》曰：'确乎其不可拔。'夫何衒之有？"

同声相应，同气相求。

《蜀志·许靖传》注引《魏略》　王朗与靖书曰："自天子在东宫，及即位之后，每会群贤，论天下髦隽之见在者，岂独人尽易为英，士鲜易取最，故乃猥以原壤之朽质，感夫子之情听。每叙足下，以为谋首，岂其注意，乃复过于前世？《书》曰'人惟求旧'，《易》称'同声相应，同气相求'，刘将军之与大魏，兼而两之。"

云从龙，风从虎。

《汉书·五行志》下之上　《易》曰"云从龙"，又曰"龙蛇之蛰，以存身也"。阴气动，故有龙蛇之孽。

《论衡·龙虚篇》 雷龙同类，感气相致，故《易》曰"云从龙，风从虎"。

又《乱龙篇》 董仲舒申《春秋》之雩，设土龙以招雨，其意以云龙相致。《易》曰"云从龙，风从虎"，以类求之，故设土龙。阴阳从类，云雨自至。儒者或问曰：夫《易》言"云从龙"者，谓真龙也，岂谓土哉？楚叶公好龙，墙壁槃盂皆画龙。必以象类为若真，是则叶公之国常有雨也。《易》又曰"风从虎"，谓虎啸而谷风至也。风之与虎，亦同气类。设为土虎置之谷中，风能至乎？

上九曰：亢龙有悔。何谓也？子曰：贵而无位。高而无民，贤人在下位而无辅，是以动而有悔也。

《汉书·五行志》下之上 传曰："皇之不极，厥极弱。"《易》曰"亢龙有悔，贵而亡位，高而亡民，贤人在下位而亡辅"，如此，则君有南面之尊，而亡一人之助，故其极弱也。

乾元用九，天下治也。

《吴志·虞翻传》注引《翻别传》 翻奏曰："孔子曰：'乾元用九而天下治，圣人南面，盖取诸离。'斯诚天子所宜协阴阳致麟凤之道矣。"

乾始能以美利利天下。

《后汉纪》十六《安帝纪》 鲁恭上疏云："案《易消息》，四月乾卦用事。《经》曰：'乾以美利利天下。'又曰：'时乘六龙以御天。'"

夫大人者，与天地合其德，与日月合其明，与四时合其序，与鬼神合其吉凶；先天而天弗违，后天而奉天时。

《续汉书·祭祀志》上注引《东观书》　杜林上疏议郊祀云："臣闻营河、雒以为民，刻肌肤以为刑，封疆画界以建诸侯，井田什一以供国用，三代之所同。及至汉兴，因时宜，趋世务，省烦苛，取实事，不苟贪高亢之论。是以去中土之京师，就关内之远都，除肉刑之重律，用髡钳之轻法；郡县不置世禄之家，农人三十而取一，政卑易行，礼简易从。民无愚智，思仰汉德，乐承汉纪。基业特起，不因缘尧。尧远于汉，民不晓信，言提其耳，终不悦谕。后稷近于周，民户知之，世据以兴，基由其祚，本与汉异。郊祀高帝，诚从民望，得万国之欢心，天下福应，莫大于此。民奉种祀，且犹世主不失先俗。群臣佥荐鲧，考绩不成，九载乃登。宗庙至重，众心难违，不可卒改。《诗》云'不愆不忘，率由旧章'，明当尊用祖宗之故章文也。宜如旧制以解天下之惑，合于《易》之所谓'先天而天弗违，后天而奉天时'义。"

《论衡·初禀篇》　"夫大人与天地合其德，与日月合其明，与四时合其序，与鬼神合其吉凶；先天而天不违，后天而奉天时。"如必须天有命，乃以从事，安得先天而后天乎？以其不待天命，直以心发，故有先天后天之勤；言合天时，故有不违奉天之文。《论语》曰："大哉！尧之为君，惟天为大，惟尧则之。"王者则天，不违奉天之义也。

又《感虚篇》　《易》曰："大人与天地合其德，与日月合其明，与四时合其序，与鬼神合其吉凶。"此言圣人与天地鬼神同德行也。

又《寒温篇》　"夫大人与天地合德"，"先天而天不违，后天而奉天时。"《洪范》曰："急恒寒若，舒恒燠若。"如《洪范》之言，天气随人易徙，当"先天而天不违"耳，何故复言"后天而奉天时"乎？后者，天已寒温于前，而人赏罚于后也。

又《自然篇》　尧则天而行，不作功邀名，无为之化自成，故曰："荡荡乎！民无能名焉。"年五十者击壤于涂，不能知尧之德；盖自然之化也。《易》曰："大人与天地合其德。"黄帝、尧、舜，大人也；其德与天地合，故知无为也。

崔骃《章帝谥议》　臣闻号者功之表，谥者行之迹；据德录功，各当其实。《孝经》曰："天地明察，神明章矣。"《唐书》数尧之德曰："平章百姓。"言天之常德也。《诗》曰："雕琢其章，金玉其相，亹亹文王，纲纪四方。"又曰："倬彼云汉，为章于天。"喻文王圣德有金玉之质，犹云汉之天也。举表析义，四方附矣。《易》曰："先天而天不违，后天而奉天时。"臣愚以为宜上尊号曰"章"。

《蜀志·先主传》　刘豹等上言："臣闻先王'先天而天不违，后天而奉天时'，故应际而生，与神合契。"

《通典》七十二引桓阶《请崇始祖奏》　臣闻尊祖敬宗，古之大义。故六代之君，未尝不追崇始祖，显彰所出。先王应期拨乱，启魏大业。然祢庙未有异号，非崇孝敬示无穷之义也。太尉公侯宜有尊号，所以表功崇德，发事显名者也。故《易》言乾坤皆曰大德，言大人与天地合。

亢之为言也，知进而不知退，知存而不知亡，知得而不知丧，其惟圣人乎！知进退存亡而不失其正者，其惟圣人乎！

《蜀志·谯周传》　周上疏曰："《易》曰：'亢之为言，知得而不知丧，知存而不知亡。知得失存亡而不失其正者，其惟圣人乎！'言圣人知命而不苟必也。故尧、舜以子不善，知天有授，而求授人。子虽不肖，祸尚未萌，而迎授与人，况祸以至乎！"

坤

《汉书·杜邺传》 邺对问云："《坤》以法地，为土，为母，以安静为德。震，不阴之效也。"

坤：元亨，利牝马之贞。君子有攸往，先迷后得，主利。西南得朋，东北丧朋，安贞吉。

《汉书·天文志》 东北，地事天位也。故《易》曰："东北丧朋。"

《通典》四十四引秦静《腊用日议》 《尚书》、《易经》说五行水火金木土王相，衍天地阴阳之义，故《易》曰："《坤》为土。"土位西南，黄精之君盛在未，故大魏以未祖。戌者，岁终日穷之辰，不宜以为岁初祖祭之行始也。《易》曰："《坤》利，西南得朋，东北丧朋。"丑者，土之终，故以丑腊，终而复始，乃终有庆。宜如前以未祖丑腊。

东北丧朋，乃终有庆。

《汉书·律历志》 东北，丑位。《易》曰："东北丧朋，乃终有庆。"答应之道也。

初六：履霜，坚冰至。

《淮南子·齐俗训》 昔太公望、周公旦受封而相见。太公问周公曰："何以治鲁？"周公曰："尊尊，亲亲。"太公曰："鲁从此弱矣。"周公问太公曰："何以治齐？"太公曰："举贤而上功。"周公曰:"后世必有劫杀之君。"其后齐日以大,至于霸,二十四世而田氏代之;鲁日以削,至三十二世而亡。故《易》曰:"履霜,坚冰至。"

《盐铁论·论菑篇》 大夫曰:"金生于巳,刑罚小加,故荠麦夏死。《易》曰:'履霜,坚冰至。'秋始降霜,草木陨零,合冬行诛,万物毕藏。"

《后汉书·宦者传·论》 诈利既滋,朋徒日广。直臣抗议,必漏先言之间;至戚发愤,方启专夺之隙。斯忠贤所以智屈,社稷故其为墟。《易》曰:"履霜,坚冰至。"云所从来久矣。今迹其所以,亦岂一朝一夕哉!

象曰:履霜坚冰,阴始凝也;驯至其道,至坚冰也。

《后汉书·鲁恭传》 见上文"乾初九"条。

象曰:六二之动,直以方也。

《礼记·深衣篇》 袂圜以应规,曲袷如矩以应方,负绳及踝以应直,下齐如权衡以应平。故规者行举手以为容,负绳抱方者以直其政,方其义也。故《易》曰《坤》"六二之动,直以方也"。

六三:含章可贞,或从王事,无成有终。

《淮南子·缪称训》 圣人在上,化育如神。太上曰:"我其性与?"其次曰:"微彼,其如此乎?"故《诗》曰"执辔如组",《易》曰:"含章可贞。"动于近,成文于远。

六四:括囊,无咎,无誉。

《荀子·非相篇》 凡言不合先王,不顺礼义,谓之奸言;虽辩,君子不听。法先王,顺礼义,党学者,然而不好言,不乐言，则必非诚士也。故君子之于言也，志好之，行安之，乐言之；故君子必辩。凡人莫不好言其所善，而君子为甚。故赠人以言，重于金石珠玉；观人以言，美于黼黻文章；听人之言，乐于钟鼓琴瑟。故君子之言无厌。鄙夫反是：好其实而不恤其文，是以终身不免埤污慵俗。故《易》曰："括囊，无咎，无誉。"腐儒之谓也。

　　树达按：刘向校录《孙卿书》云：孙卿善为《诗》、《礼》、《易》、《春秋》。今《荀子》说《易》者仅有此及《大略篇》引"复自道何其咎吉"凡二事。

《淮南子·诠言训》　能有天下者，必不失其国；能有其国者，必不丧其家；能治其家者，必不遗其身；能修其身者，必不忘其心；能原其心者，必不亏其性；能全其性者，必不惑于道。故广成子曰："慎守而内，周闭而外，多知为败。毋视，毋听，抱神以静，形将自正。"不得之己而能知彼者，未之有也。故《易》曰："括囊，无咎，无誉。"

《魏志·李通传》注引李秉《家诫》　夫清者不必慎，慎者必自清；亦由仁者必有勇，勇者不必有仁。是以《易》称"括囊，无咎"，"藉用白茅"，皆慎之至也。

　　六五：黄裳元吉。

《左传》昭十二年　南蒯之将叛也，枚筮之，遇《坤》☷之《比》☷，曰："黄裳元吉。"以为大吉也，示子服惠伯，曰："即欲有事，何如？"惠伯曰："吾尝学此矣。忠信之事则可；不然，必败。外强内温，忠也；和以率贞，信也。故曰：'黄裳元吉。'黄，中之色也；裳，下之饰也；元，善之长也。中不忠，不得其色；下不共，不得其饰；事不善，不得其极。外内倡和为忠，率事以信为共，供养三德为善；非此三者，弗当。且夫《易》不可以占险；将何事也？且可饰乎？中美能黄，上美能元，下美则裳；参成可筮；犹有阙也，筮虽吉，未也。"

上六：龙战于野，其血玄黄。

《左传》昭二十九年　见上"《乾》初九"条。

象曰：龙战于野，其道穷也。

《后汉书·朱穆传》　穆推灾异，奏记劝戒梁冀云："穆伏念明年丁亥之岁，刑德合于乾位，《易经》龙战之会。其文曰：'龙战于野，其道穷也。'谓阳道将胜而阴道负也。"《后汉纪》二十《质帝纪》文同。

文言曰：坤至柔而动也刚，至静而德方。

《汉纪》三十《平帝纪》　莽诏曰："地者有动有震。震者为害，动者不害。故《易》称曰坤动而静，辟胁万物，万物生焉。"

积善之家，必有馀庆。

《后汉书·杨震传·论》　孔子称："危而不持，颠而不扶，则将焉用彼相矣。"诚以负荷之寄，不可以虚冒；崇高之位，忧重责深也。延光之间，震为上相，抗直方以临权枉，先公道而后身名，可谓怀王臣之节，识所任之体矣。遂累叶载德，继踵宰相。信哉！"积善之家，必有馀庆。"先世韦、平，方之蔑矣！

臣弑其君，子弑其父，非一朝一夕之故，其所由来者渐矣！由辩之不早辩也。

《史记·太史公自序》　《春秋》之中，弑君三十六，亡国五十二，诸侯奔走不得保其社稷者，不可胜数。察其所以，皆失其本已。故《易》曰："失之豪厘，差以千里。"故曰："臣弑君，子弑父，非一旦一夕之故也，其渐久矣！"

树达按："失之豪厘，差以千里"，今《易》无此文。

《白虎通·诛伐篇》 弑者，何谓也？弑者，试也。欲言臣子杀其君父不敢卒，候间，司事可，稍稍弑之。《易》曰："臣弑其君，子弑其父，非一朝一夕之故也。"

《潜夫论·衰制篇》 夫法令者，人君之衔辔棰策也；而民者，君之舆马也。若使人臣废君法禁而施己政令，则是夺君之辔策而己独御之也。愚君闇主托坐于左，而奸臣逆道执辔于右，此齐驵马繻所以沉胡公于具水，宋羊叔牂所以弊华元于郑师，而莫之能御也。是故陈恒执简公于徐州，李兑害主父于沙丘，皆以其毒素夺君之辔策也。《文言》故曰："臣弑其君，子弑其父，非一朝一夕之故也，其所由来者渐矣！由变之不早变也。"

易曰：覆霜坚冰至，盖言顺也。

《春秋繁露·基义篇》 天之气徐，不乍寒乍暑，故寒不冻，暑不喝；以其有余徐来，不暴卒也。《易》曰："履霜坚冰，盖言逊也。"然则上坚不逾等，果是天之所为，弗作而成也；人之所为，亦当弗作而极也。

地道无成而代有终也。

《后汉纪》十二《章帝纪》 元年春二月壬辰，帝崩于章德殿。是日，太子即位，年十岁，太后临朝。袁宏曰："非古也。《易》称'地道无成而代有终'，《礼》有妇人三从之义。然则后妃之在于钦承天，敬恭中馈而已。故虽人母之尊，不得令于国，必有从于臣子者，则柔之性也。"

屯

屯：元亨利贞。勿用有攸往，利建侯。

《左传》昭七年　卫襄公夫人姜氏无子，嬖人婤姶生孟絷。孔成子梦康叔谓己："立元。余使羁之孙圉与史苟相之。"史朝亦梦康叔谓己："余将命而子苟与孔烝鉏之曾孙圉相元。"史朝见成子，告之梦，梦协。晋韩宣子为政聘于诸侯之岁，婤姶生子，名之曰元。孟絷之足不良，弱行。孔成子以《周易》筮之，曰："元尚享卫国，主其社稷。"遇《屯》䷂。又曰："余尚立絷，尚克嘉之！"遇《屯》䷂之《比》䷇。以示史朝。史朝曰："元亨，又何疑焉？"成子曰："非长之谓乎？"对曰："康叔名之，可谓长矣。孟非人也，将不列于宗，不可谓长。且其繇曰：'利建侯。'嗣吉，何建？建，非嗣也。二卦皆云，子其建之！康叔命之，二卦告之。筮袭于梦，武王所用也。弗从何为？弱足者居，侯主社稷，临祭祀，奉民人，事鬼神，从会朝，又焉得居？各以所用，不亦可乎？"故孔成子立卫灵公。

《国语·晋语》四　公子重耳亲筮之，曰："尚有晋国。"得贞《屯》，悔《豫》，皆八也。筮史占之，皆曰："不吉。闭而不通，爻无为也。"司空季子曰："吉。是在《周易》，皆'利建侯'。不有晋国以辅王室，安能建侯？我命筮曰：'尚有晋国。'筮告我曰：'利建侯。'得国之务也，吉孰大焉？《震》，车也；《坎》，水也；《坤》，土也；《屯》，厚也；《豫》，乐也。车班外内，顺以训之，泉原以资之，土厚而乐其实。不有晋国，何以当之？《震》，雷也，车也；《坎》，劳也，水也，众也；主雷与车，而尚水与众。车有震，武也；众而顺，文也。

文武具，厚之至也；故曰《屯》。其繇曰：'元亨利贞。勿用有攸往，利建侯。'主震雷，长也；故曰元。众而顺，嘉也；故曰亨。内有震雷，故利贞。车上水下，必伯。小事不济，壅也；故曰勿用有攸往。一夫之行也，众顺而有武威，故曰利建侯。《坤》，母也；《震》，长男也。母老子强，故曰《豫》。其繇曰：'利建侯，行师。'居乐出威之谓也。是二者，得国之卦也。"

《白虎通·封公侯篇》 王者即位，先封贤者，忧民之急也。故列土为疆，非为诸侯；张官设府，非为卿大夫：皆为民也。《易》曰："利建侯。"此言因所利故立之。

初九：磐桓，利居贞，利建侯。

《左传》闵元年 初，毕万筮仕于晋，遇《屯》☰☰之《比》☰☰。辛廖占之，曰："吉。《屯》固，《比》入，吉孰大焉？其必蕃昌。《震》为土，车从马；足居之，兄长之，母覆之，众归之：六体不易，合而能固，安而能杀，公侯之卦也。公侯之子孙，必复其始。"

《左传》昭七年 见"象"。

以贵下贱，大得民也。

《说苑·尊贤篇》 见卷三"益象传自上下下"条。

六三：即鹿无虞，惟入于林中；君子几，不如舍；往，吝。

《淮南子·缪称训》 君子非仁义无以生，失仁义则失其所以生；小人非嗜欲无以活，失嗜欲则失其所以活。故君子惧失仁义，小人惧失利：观其所惧，知各殊矣。《易》曰："即鹿无虞，惟入于林中；君子几，不如舍；往，吝。"

《后汉书·何进传》 陈琳谏进曰："《易》称'即鹿无虞'，谚有'掩目捕雀'。夫微物尚不可欺以得志，况国之大事，其可以诈立乎？"《魏志·王粲传》文同。

象曰：即鹿无虞，以从禽也。

《风俗通·山泽篇》 《尚书》尧禅舜，"纳于大麓"。麓，林属于山者也。《春秋》"沙麓崩"，《传》曰："麓者，山足也。"《诗》云"瞻彼旱麓"，《易》称"即鹿无虞，以从禽也"。

九五：屯其膏；小贞吉，大贞凶。

《汉书·谷永传》 永对问云："诸夏举兵，萌在民饥馑而吏不恤，兴于百姓困而赋敛重，发于下怨离而上不知。《易》曰：'屯其膏，小贞吉，大贞凶。'王者遭衰难之世，有饥馑之灾，不损用而大自润，故凶。"

树达按：《永传》云："永于天官、《京氏易》最密。"然则此《京氏易说》也。

上六：乘马班如，泣血涟如。

《淮南子·缪称训》 圣人在上，则民乐其治；在下，则民慕其意。小人在上位，如寝关曝纩，不得须臾宁。故《易》曰："乘马班如，泣血涟如。"言小人处非其位，不可长也。

蒙

蒙：亨。匪我求童蒙，童蒙求我。

《白虎通·辟雍篇》 天子之大子，诸侯之世子，皆就师于外者，尊师，重先王之道也。故《曲礼》曰："闻有来学，无往教也。"《易》曰："匪我求童蒙，童蒙求我。"

初筮，告；再三，渎，渎则不告。利贞。

《礼记·表记篇》 子曰："无辞不相接也，无礼不相见也：欲民之毋相亵也。《易》曰：'初筮，告；再三，渎，渎则不告。'"

上九：击蒙。不利为寇，利御寇。

《潜夫论·边议篇》 《易》制御寇，卢文弨云：制疑利。《诗》美薄伐，自古有战，非乃今也。传曰："天生五材，民并用之，废一不可。谁能去兵？"兵，所以威不轨而昭文德也。圣人所以兴，乱人所以废。

《蔡邕集·明堂月令论》 《易》曰："不利为寇，利用御寇。"《令》曰："兵戎不起，不可从我始。"

树达按：《令》谓《月令》，所引文属孟春，邕盖以《蒙》为正月卦也。

需

需：有孚，光亨贞吉，利涉大川。

《论衡·刺孟篇》 见上文"乾元亨利贞"条。

讼

彖曰：讼，上刚下险，险而健，讼。

《人物志·释争篇》 是故君子之求胜也，以推让为利锐，以自修为棚橹；静则闭嘿泯之玄门，动则由恭顺之通路。是以战胜而争不形，敌服而怨不构。若然者，悔恨不存于声色，夫何显争之有哉？彼显争者，必自以为贤人，而人以为险诐者，实无险德，则无可毁之义；若信有险德，又何可与讼乎？险而与之讼，是柙咒而撄虎，其可乎？怒而害人亦必矣！《易》曰"险而健者讼"，"讼必有众起"。

初六：不永所事，小有言，终吉。

《后汉书·梁节王畅传》　和帝诏报畅云："今王深思悔祸，端自克责，朕恻然伤之。志匪由王，咎在彼小子。一日克己复礼，天下归仁。王其安心静意，茂率休德。《易》不云乎：'一谦而四益。小有言，终吉。'"

六三：食旧德，贞，厉，终吉。或从王事，无成。

《艺文类聚》五十一引魏武帝《让封书》　见卷二"豫利建侯行师"条。

师

师：贞，丈人吉，无咎。

《意林》四引《风俗通》　《易》曰："《师》：贞，丈人吉。"非徒尊老，须德行先人也。传云"杖德莫如信"，言其恩德可信杖也。

魏武帝《孙子兵法序》　操闻上古有弧矢之利。《论语》曰："足食足兵。"《尚书》八政曰师。《易》曰："《师》：贞，丈人吉。"《诗》曰："王赫斯怒，爰整其旅。"黄帝、汤、武咸用干戚以济世也。

初六：师出以律，否臧凶。

《左传》宣十二年　晋师救郑，及河，闻郑既及楚平，桓子欲还。彘子曰："不可。"以中军佐济。知庄子曰："此师殆哉！《周易》有之，在《师》䷆之《临》䷒，曰：'师出以律，否臧凶。'执事顺成为臧，逆为否。众散为弱，川壅为泽，有律以如己也；故曰：律否臧。且律竭也；盈而以竭，夭且不整，所以凶也。不行之谓临。有帅而不从，临孰甚焉！此之谓矣。果遇，必败；彘子尸之。虽免而归，必有大咎。"

《汉荆州从事苑镇碑》　君肇建仁义之基，始创五福之衢；韬律大杜，综皋陶、甫侯之遗风。故《易》称"师出以律"。五用是纲，平不柱理；政以宪循，须律定纪。

上六：大君有命，开国承家，小人勿用。

《高士传》引挚峻《报司马子长书》　峻闻：古之君子，料能而行，度德而处，故悔吝去于身。利不可以虚受，名不可以苟得。汉兴以来，帝王之道，于斯始显；能者见利，不肖者自屏，亦其时也。《周易》"大君有命，小人勿用"，徒欲偃仰从容以送余齿耳。

《后汉书·谢弼传》　弼上封事云："臣又闻爵赏之设，必酬庸勋；'开国承家，小人勿用'。今功臣久外，未蒙爵秩；阿母宠私，乃享大封：大风雨雹，亦由于兹。"

《魏志·赵王干传》　明帝赐干玺书曰："《易》称'开国承家，小人勿用'，《诗》著'大车惟尘'之诫。自太祖受命创业，深睹治乱之源，鉴存亡之机；初封诸侯，训以恭慎之至言，辅以天下之端士；常称马援之遗诫，重诸侯宾客交通之禁，乃使与犯妖恶同。夫岂以此薄骨肉哉？徒欲使子弟无过失之愆，士民无伤害之悔耳。"

《吴志·陆抗传》　抗上疏曰："臣闻'开国承家，小人勿用'，'靖譖庸回'，《唐书》攸戒；是以雅人所以怨刺，仲尼所以叹息也。春秋已来,爰及秦汉,倾覆之衅,未有不由斯者也。小人不明道理,所见既浅;虽使竭情尽节,犹不足任,况其奸心素笃,而憎爱移易哉!苟患失之,无所不至。今委以聪明之任,假以专制之威,而冀雍熙之声作,肃清之化立,不可得也。"

比

象曰:地上有水,比。先王以建万国,亲诸侯。

《汉书·地理志》上　昔在黄帝,作舟车以济不通,旁行天下,方制万里,画野分州,得百里之国万区。是故《易》称"先王以建万国,亲诸侯",书云"协和万国",此之谓也。

《汉纪》五《惠帝纪·论》　荀悦曰:"诸侯之制,所由来尚矣。《易》曰:'先王建万国,亲诸侯。'孔子作《春秋》,为后世法,讥世卿不改世侯。"

《续汉书·五行志》三注引《东观书》　杜林请徙张步降兵疏云:"比年大雨,水潦暴长,涌泉盈溢,灾坏城郭官寺,吏民庐舍,溃徙离处,遗成坑坎。臣闻:水,阴类也。《易》卦'地上有水,比',言性不相害,故曰乐也。而猥相毁垫沦失,常败百姓安居,殆阴下相为蠹贼,有大小负胜不齐,均不得其成,侵陵之象也。"

初六:有孚,比之,无咎,有孚盈缶,终来有它,吉。

《后汉书·鲁恭传》　恭上疏曰:"夫人道义于下,则阴阳和于上,祥风时雨,覆被远方,夷狄重译而至矣。《易》曰:

'有孚盈缶，终来有它，吉。'言甘雨满我之缶，诚来有我而吉已。"刘敞云：有我而吉。我当为它。

九五：显比。王用三驱，失前禽，邑人不诫，吉。

象曰：显比之吉，位正中也。

《后汉书·顺烈梁皇后纪》 永建三年，与姑俱选入掖庭。太史卜兆，得寿房；又筮，得《坤》之《比》。遂以为贵人。

小畜

初九：复自道。何其咎？吉。

《荀子·大略篇》 《易》曰："复自道，何其咎？"《春秋》贤穆公，以为能变也。

《吕氏春秋·有始览·务本篇》 安危荣辱之本在于主，主之本在于宗庙，宗庙之本在于民，民之治乱在于有司。《易》曰"复自道，何其咎？吉"，以言本无异则动卒有喜。

《春秋繁露·玉英篇》 故齐桓非直弗受之先君也，乃率弗宜为君者而立，罪亦重矣；然而知恐惧，敬举贤人而以自覆盖，知不背要盟以自湔浣也：遂为贤君而霸诸侯。使齐桓被恶而无此美，得免杀戮，乃幸已，何霸之有？鲁桓忘其忧而祸逮其身，齐桓忧其忧而立功名。推而散之，凡人有忧而不知忧者，凶；有忧而深忧之者，吉。《易》曰："复自道，何其咎？"此之谓也。

上九：既雨既处，尚德载，妇贞厉，月几望，君子征，凶。

《汉书·五行志下》之下 京房《易传》曰："妇贞厉，月几望，君子征，凶。"言君弱而妇强，为阴所乘，则月并出。

履

履虎尾，不咥人，亨。

《新序·杂事》四　孔子谓鲁哀公曰："丘闻之：君者，舟也；庶人者，水也。水则载舟，水则覆舟。君以此思危，则危将安不至矣！夫执国之柄，履民之上，懔乎如以腐索御奔马。《易》曰'履虎尾'，《诗》曰'如履薄冰'，不亦危乎！"

九四：覆虎尾，愬愬，终吉。

《群书治要》引《尸子·发蒙篇》　《易》曰："若履虎尾，终之吉。"若群臣之众，皆戒慎恐惧，若履虎尾，则何不济之有乎？

《吕氏春秋·慎大览》　武王胜殷，得二虏而问焉，曰："若国有妖乎？"一虏对曰："吾国有妖。昼见星而天雨血，此吾国之妖也。"一虏对曰："此则妖也；虽然，非其大者也。吾国之妖甚大者，子不听父，弟不听兄，君令不行：此妖之大者也。"武王避席再拜之。此非贵虏也，贵其言也。故《易》曰："愬愬，履虎尾，终吉。"

周易古义卷二（上经）

泰

《汉书·刘向传》 向上封事云："谗邪进则众贤退，群枉盛则正士消，故《易》有否泰。小人道长，君子道消；君子道消，则政日乱，故为否。否者，闭而乱也。君子道长，小人道消；小人道消，则政日治，故为泰。泰者，通而治也。《诗》又云'雨雪麃麃，见晛聿消'，与《易》同义。"

泰：小往大来，吉亨。

《国语·晋语》四 十月，惠公卒。十二月，秦伯纳公子。董因迎公于河；公问焉，曰："吾其济乎？"对曰："臣筮之，得《泰》之八，曰：'是谓天地配，亨，小往大来。'今及之矣，何不济之有。"韦《注》云：小喻子圉，大喻文公。

象曰：泰，小往大来，吉亨；则是天地交而万物通也。

《风俗通·愆礼篇》 太原郝子廉，饥不得食，寒不得衣，一介不取诸人。曾过姊饭，留十五钱，默置席下去。每行饮水，常投一钱井中。谨按：《易》称"天地交，万物生；人道交，功勋成"。《语》"愿车马，衣轻裘，与朋友共，敝之而无憾"。士相见之礼，费用腒雉，受而不拒，而交答焉，唯祭饭然后拜之。孔子食于施氏，未尝不饱。何有同生之家而顾钱者哉！伤恩薄礼，弊之至也！

上下交而其志同也。

《初学记》十八引《魏文帝集》 夫阴阳交，万物成；君臣交，邦国治；士庶交，德行光。同忧乐共富贵而友道备矣。《易》曰："上下交而其志同。"由是观之，交乃人伦之本务，王道之大义，非特士友之志也。

象曰：天地交，泰。后以财成天地之道，辅相天地之宜，以左右民。

《汉书·律历志》 见卷七"说卦是以立天之道"条下。

又《货殖传》 昔先王之制，自天子公侯卿大夫士至于皂隶抱关击柝者，其爵禄奉养宫室车服棺椁祭祀死生之制，各有差品；小不得僭大，贱不得逾贵。夫然，故上下序而民志定。于是辨其土地川泽丘陵衍沃原隰之宜，教民种树畜养；五谷六畜及至鱼鳖鸟兽萑蒲材干器械之资，所以养生送终之具，靡不皆育。育之以时，而用之有节：草木未落，斧斤不入于山林；豺獭未祭，置网不布于野泽；鹰隼未击，矰弋不施于徯隧。既顺时而取物，然犹山不茬蘖，泽不伐夭；蝝鱼麛卵，咸有常禁。所以顺时宣气，蕃阜庶物，稸足功用，如此之备也。然后四民因其土宜，各任智力，夙兴夜寐，以治其业，相与通功易事,交利而俱赡,非有征发期会,而远近咸足。故《易》曰"后以财成辅相天地之宜,以左右民","备物致用,立成器以为天下利,莫大乎圣人",此之谓也。《汉纪》七《文帝纪》文略同。

初九:拔茅茹以其汇,征吉。

《汉书·刘向传》 见卷一"乾九五象传"。

《续汉书·五行志》一 案《易》曰:"拔茅茹以其汇,征吉。"茅,喻群贤也。

《魏志·崔林传》注引《魏名臣奏》 孟达荐王雄曰:"臣闻明君以求贤为业,忠臣以进善为效,故《易》称'拔茅连茹',传曰'举尔所知'。"

象曰:无往不复,天地际也。

《后汉纪》十二《章帝纪》 是时,乌孙王遣子入侍;上问郑弘:"当答其使不?"弘对曰:"乌孙前为大单于所攻,陛下使小单于往救之,尚未赏。今如答之,小单于不当怨乎?"上以弘议问侍中窦宪,对曰:"《礼》曰:'礼有往来。'《易》曰:'无往不复,天地际也。'弘,章句诸生,不达国体。"上遂答乌孙使。小单于忿,悉攻金城郡,杀太守任昌。

六五:帝乙归妹,以祉元吉。

《左传》哀九年 晋赵鞅卜救郑,遇水适火,占诸史赵、史墨、史龟。史龟曰:"是谓沈阳,可以兴兵。利以伐姜,不利子商。伐齐则可,敌宋不吉。"史墨曰:"盈,水名也;'子',水位也。名位敌,不可干也。炎帝为火师,姜姓其后也;水胜火,伐姜则可。"史赵曰:"是谓如川之满,不可游也。郑方有罪,不可救也。救郑则不吉,不知其他。"阳虎以《周易》筮之,遇《泰》☷☰之《需》☵☰,曰:"宋方吉,不可与也。微子启，帝乙之元子也；宋、郑，甥舅也；祉，禄也。若帝乙之元子归妹而有吉禄，我安得吉焉?"乃止。

《白虎通·姓名篇》 何以知诸侯不象王者以生日名子也；以太王名亶父，王季名历，此殷之诸侯也。《易》曰"帝乙"，谓成汤；《书》曰"帝乙"，谓六代孙也。

《后汉书·荀爽传》 爽对策曰："《易》曰:'帝乙归妹，以祉元吉。'妇人谓嫁曰归。言汤以娶礼归其妹于诸侯也。"

树达按：《爽传》云：爽著《易传》。

《汉纪》十七《宣帝纪·论》 荀悦曰："尚公主之制，人道之大伦。昔尧釐降二女于妫汭，嫔于虞。《易》曰'帝乙归妹，以祉元吉'，《春秋》称'王姬归于齐'，古之达礼也。男替女陵，则淫暴之变生矣；礼自上降，则昏乱于下者众矣。三纲之首，可不慎乎?"

树达按：此悦本其叔父爽之说，详见《后汉书·爽传》。

《初学记》十引《风俗通》 《易》称："帝乙归妹，以祉元吉。"妇人谓嫁娶之礼曰归。归其妹于诸侯，享终吉也。

否

《汉书·刘向传》 见上"泰卦"题下。

否之匪人，不利君子贞，大往小来。

《国语·周语》下 单襄公曰："成公之归也，吾闻晋之筮之也，遇《乾》之《否》，曰:'配而不终，君三出焉。'一既往矣；后之不知，其次必此。"

《中论·虚道篇》 夫恶犹疾也：攻之则益俊，不攻则日甚。故君子之相求也，非特兴善也，将以攻恶也。恶不废则善不兴，自然之道也。《易》曰"否之匪人，不利君子贞，大往小来"，阴长阳消之谓也。

其亡其亡！系于苞桑。

《潜夫论·思贤篇》 尊贤任能，信忠纳谏，所以为安也；而闇君恶之，以为不若奸佞阘茸谗谀之言者，此其将亡之征也。老子曰："夫惟病病，是以不病。"《易》称："其亡其亡！系于苞桑。"是故养寿之士，先病服药；养世之君，先乱任贤。是以身常安而国永永也。

《风俗通·怪神篇》 凡变怪皆妇女下贱。何者？小人愚而善畏，欲信其说，类复裨增。文人亦不证察，与俱悼慑。邪气乘虚，故速咎证。《易》曰"其亡"，"斯自取灾"。

《魏志·武文世王公传》注引曹冏上书 先王知独治之不能久也，故与人共治之；知独守之不能固也，故与人共守之。兼亲疏而两用，参同异而并建。是以轻重足以相镇，亲疏足以相卫，并兼路塞，逆节不生。及其衰也，桓、文帅礼；苞茅不贡，齐师伐楚；宋不城周，晋戮其宰。王纲弛而复张，诸侯傲而复肃。二霸之后，浸以陵迟。吴、楚凭江，负固方城，虽心希九鼎，而畏迫宗姬，奸情散于胸怀，逆谋消于唇吻；斯岂非信重亲戚，任用贤能，枝叶硕茂，本根赖之与？自此之后，转相攻伐：吴并于越，晋分为三，鲁灭于楚，郑兼于韩。暨于战国，诸姬微矣，惟燕、卫独存，然皆弱小，西迫强秦，南畏齐、楚，忧惧灭亡，匪遑相恤。至于王赧，降为庶人，犹枝干相持，得居虚位，海内无主，四十余年。秦据势胜之地，骋谲诈之术，征伐关东，蚕食九国，至于始皇，乃定天位。旷日若彼，用力若此，岂非深固根蒂不拔之道乎？《易》曰："其亡其亡！系于苞桑。"周德其可谓当之矣！

同人

《吴志·孙皓传》注引干宝《晋纪》 陆抗之克步阐，皓意张大，乃使尚广筮并天下，遇《同人》之《颐》，对曰："吉。庚子岁，青盖当入洛阳。"故皓不修其政，而恒有窥上国之志。是岁也，实在庚子。按：谓皓亡之岁。

同人于野，亨。利涉大川，利君子贞。

《淮南子·缪称训》 黄帝曰："芒芒昧昧，从天之道，与元同气。"故至德者言同略，事同指，上下一心，无歧道旁见者。遏障之于邪，开道之于善，而民乡方矣。故《易》曰："同人于野，利涉大川。"

九三：伏戎于莽，升其高陵，三岁不兴。

《汉书·王莽传》 又闻汉兵言，莽鸩杀孝平帝。莽乃会公卿以下于王路堂，开所为平帝请命于金縢之策，泣以示群臣。命明学男张邯称说其德及符命事。因曰："《易》言：'伏戎于莽，升其高陵，三岁不兴。'莽，皇帝之名；升，谓刘伯升；高陵，谓高陵侯子翟义也。言刘升、翟义为伏戎之兵于新皇帝世，犹殄灭不兴也。"

> 树达按：此竟以《易》为谶文矣。录之，以见王莽之好附会尔。于其义无取也。

《风俗通·山泽篇》 《易》曰："伏戎于莽，升其高陵。"又："天险不可升，地险山川丘陵。"陵有天性自然者。今王公坟垄各称陵也。

九五：同人先号咷而后笑。

《汉书·王莽传》 崔发言："《周礼》及《春秋左氏》：国有大灾，则哭以厌之。故《易》称'先号咷而后笑'。"

大有

九三：公用享于天子，小人弗克。

《左传》僖二十五年 秦伯师于河上，将纳王。狐偃言于晋侯曰："求诸侯莫如勤王。诸侯信之，且大义也。继文之业而信宣于诸侯，今为可矣。"使卜偃卜之，曰："吉。遇黄帝战于阪泉之兆。"公曰："吾不堪也。"对曰："周礼未改。今之王，古之帝也。"公曰："筮之。"筮之，遇《大有》☰之《睽》☲，曰："吉。遇公用享于天子之卦。战克而王飨，吉孰大焉？且是卦也，天为泽以当日，天子降心以逆公，不亦可乎？《大有》去《睽》而复，亦其所也。"晋侯辞秦师而下。

六五：厥孚交如，威如，吉。

《左传》闵二年 成季之将生也，桓公使卜楚丘之父卜之，曰："男也。其名曰友，在公之右，间于两社，为公室辅。季氏亡则鲁不昌。"又筮之，遇《大有》☰之《乾》☰，曰："同复于父，敬如君所。"及生，有文在其手曰"友"，遂以命之。

上九：自天祐之，吉无不利。

《盐铁论·论菑篇》 天菑之证，祯祥之应，犹施与之望报，各以其类及。故好行善者，天助以福，符瑞是也。《易》曰："自天祐之，吉无不利。"

谦

《韩诗外传》卷八　孔子曰：《易》先《同人》，后《大有》，承之以《谦》，不亦可乎！故天道亏盈而益谦，地道变盈而流谦，鬼神害盈而福谦，人道恶盈而好谦。谦者，抑事而损者也。持盈之道，抑而损之。此谦德之于行也，顺之者吉，逆之者凶。五帝既没，三王既衰，能行谦德者，其惟周公乎！文王之子，武王之弟，成王之叔父，假天子之尊位七年；所执贽而师见者十人，所还质而友见者十三人，穷巷白屋之士所见者四十九人，时进善者百人，宫朝者千人，谏臣五人，辅臣五人，拂臣六人，载干戈以至于封侯而同姓之士百人。孔子曰：犹以周公为天下赏，则以同族为众而异族为寡也。故德行宽容而守之以恭者荣，土地广大而守之以俭者安，位尊禄重而守之以卑者贵，人众兵强而守之以畏者胜，聪明睿智而守之以愚者哲，博闻强记而守之以浅者不溢。此六者，皆谦德也。《易》曰："《谦》：亨，君子有终，吉。"能以此终吉者，君子之道也。贵为天子，富有四海，而德不谦以亡其身者，桀、纣是也；而况众庶乎？夫《易》有一道焉，大足以治天下，中足以安家国，近足以守其身者，其惟谦德乎！

谦：亨，君子有终。

《韩诗外传》卷三　周公戒伯禽曰：故《易》有一道，大足以守天下，中足以守其国家，近足以守其身，谦之谓也。夫天道亏盈而益谦，地道变盈而流谦，鬼神害盈而福谦，人道恶盈而好谦。是以衣成则必缺衽，宫成则必缺隅，屋成则必加拙。示不成者，天道然也。《易》曰："《谦》：亨，君子有终，吉。"

又卷八　见前条。

天道亏盈而益谦，地道变盈而流谦，鬼神害盈而福谦，人道恶盈而好谦。

《说苑·敬慎篇》　叔向曰："天之道，微者胜。是以两军相加，而柔者克之；两仇争利，而弱者得焉。《易》曰：'天道亏满而益谦，地道变满而流谦，鬼神害满而福谦，人道恶满而好谦。'夫怀谦谦不足之柔弱，而四道者助之，则安往而不得其志乎？"

《潜夫论·遏利篇》　《易》曰："天道亏盈以冲谦。"故以仁义□于彼者，天赏之于此；以邪取于前者，衰之于后。是以持盈之道，挹而损之，则亦可以免于亢龙之悔、乾坤之愆矣。

象曰：地中有山，谦。君子以裒多益寡，称物平施。

《汉书·食货志·赞》　《易》称"裒多益寡，称物平施"，《书》云"楙迁有无"，周有泉府之官，而《孟子》亦非"狗彘食人之食不知敛，野有饿莩而弗知发"。故管氏之轻重，李悝之平籴，弘羊均输，寿昌常平，亦有从徕。

《魏志·管辂传》　辂曰："位峻者颠，轻豪者亡；不可不思虚盈之数，盛衰之期。是故山在地中曰谦，雷在天上曰壮。谦则裒多益寡，壮则非礼不履。未有损己而不光大，行非而不伤败。"

初六：谦谦君子，用涉大川，吉。

《汉书·艺文志》　道家者流，盖出于史官。历记成败存亡祸福古今之道，然后知秉要执本，清虚以自守，卑弱以自持，此君人南面之术也。合于尧之克攘。《易》之嗛嗛，一谦而四益，此其所长也。

豫

《汉书·五行志中》之上　刘向说："于《易》，雷以二月出，其卦曰《豫》，言万物随雷出地，皆逸豫也。"

豫：利建侯，行师。

《国语·晋语》四　见卷一"屯彖"下。

《艺文类聚》五十一引魏武帝《让封书》　臣诛除暴逆，克定二州，四方来贡，以为臣之功。萧相国以关中之劳，一门受封；邓禹以河北之勤，连城食邑。考功效实，非臣之勋。臣祖父中常侍侯，时但从辇扶翼左右，既非首谋，又不奋戟，并受爵封，暨臣三叶。臣闻《易·豫卦》曰："利建侯，行师。"有功乃当进立以为诸侯也。又《讼卦》六三曰："食旧德，或从王事。"谓先祖有大德，若从王事有功者，子孙乃得食其禄也。

天地以顺动，故日月不过而四时不忒；圣人以顺动，则刑罚清而民服。

《汉书·魏相传》　相奏曰："臣闻《易》曰：'天地以顺动，故日月不过，四时不忒；圣王以顺动，故刑罚清而民服。'天地变化，必继阴阳；阴阳之分，以日为纪。日冬夏至，则八风之序立，万物之性成；各有常职，不得相干。东方之神太昊，乘《震》，执规，司春；南方之神炎帝，乘《离》，执衡，司夏；西方之神少昊，乘《兑》，执矩，司秋；北方之神颛顼，乘《坎》，执权，司冬；中央之神黄帝，乘《坤》《艮》，执绳，司下土。兹五帝所司，各有时也。东方之卦，不可以治西方；南方之卦，不可以治北方。春兴《兑》治则饥，秋兴《震》治则华，冬兴《离》治则泄，夏兴《坎》治则雹。明王谨于尊天，慎于养人，故立羲和之官以乘四时，节授民事。君动静以道，奉顺阴阳，则日月光明，风雨时节，寒暑调和。三者得叙，则灾害不生，五谷熟，丝麻遂，草木茂，鸟兽蕃，民不夭疾，衣食有余。若是，则君尊民悦，上下亡怨，政教不违，礼让可兴。"

　　树达按：《相传》云："相少学《易》。"又云："相明《易经》，有师法。"不详其何家。今按"《震》司春"云云，与孟喜卦气之说同，然则相盖治《孟氏易》也。

象曰：雷出地奋，豫。先王以作乐崇德，殷荐之上帝，以配祖考。

　　《汉书·礼乐志》　王者未作乐之时，因先王之乐以教化百姓，说乐其俗，然后改作，以章功德。《易》曰："先王以作乐崇德，殷荐之上帝，以配祖考。"

　　又《艺文志》　《易》曰："先王作乐崇德，殷荐之上帝，以享祖考。"故自黄帝下至三代，乐各有名。

　　《白虎通·礼乐篇》　所以作四夷之乐何？德广及之也。《易》曰："先王以作乐崇德，殷荐之上帝，以配祖考。"

　　《后汉书·郎𫖮传》　𫖮条便宜云："《易》曰：'雷出地奋，豫。先王以作乐崇德，殷荐之上帝。'雷者，所以开发萌芽，辟阴除害。万物须雷而解，资雨而润，故《经》曰：'雷以动之，雨以润之。'王者崇宽大，顺春令，则雷应节；不则发动于冬，当震反潜。故《易传》曰：'当雷不雷，太阳弱也。'"

　　树达按：《𫖮传》云："𫖮父宗学《京氏易》。𫖮少传父业。"则此为《京氏易说》也。

《风俗通·声音篇》 《易》称："先王作乐崇德，殷荐之上帝，以配祖考。"夫乐者，圣人所以动天地，感鬼神，按万民，成性类者也。故黄帝作《咸池》，颛顼作《六茎》，喾作《五英》，尧作《大章》，舜作《韶》，禹作《夏》，汤作《濩》，武王作《武》，周公作《勺》。

《续汉书·礼乐志》注引蔡邕《礼乐志》 汉乐四品：一曰大予乐，典郊庙上陵殿诸食举之，乐郊乐，《易》所谓"先王以作乐崇德，殷荐上帝"。

六二：介于石，不终日，贞吉。

《白虎通·谏诤篇》 《援神契》曰："三谏待放，复三年，尽惓惓也。"所以言放者，臣为君讳，若言有罪放之也。所谏事已行者，遂去不留。凡待放者，冀君用其言耳；事已行，灾咎将至，无为留之。《易》曰："介于石，不终日，贞吉。"

随

随：元亨利贞，无咎。

《左传》襄九年 穆姜薨于东宫。始往而筮之，遇《艮》之八䷳。史曰："是谓《艮》之《随》䷐。《随》其出也。君必速出。"姜曰："亡！是于《周易》曰：'《随》：元亨利贞，无咎。'元，体之长也；亨，嘉之会也；利，义之和也；贞，事之干也。体仁足以长人，嘉德足以合礼，利物足以和义，贞固足以干事，然故不可诬也，是以虽《随》无咎。今我妇人而与于乱。固在下位，而有不仁，不可谓元；不靖国家，不可谓亨；作而害身，不可谓利；弃位而姣，不可谓贞。有四德者，

《随》而无咎。我皆无之，岂《随》也哉！我则取恶，能无咎乎？必死于此，弗得出矣！"

蛊

《左传》僖十五年　秦伯伐晋，卜徒父筮之，吉。涉河，侯车败。诘之，对曰："乃大吉也！三败必获晋君。其卦遇《蛊》☲，曰：'千乘三去，三去之余，获其雄狐。'夫狐蛊，必其君也。《蛊》之贞，风也；其悔，山也。岁云秋矣；我落其实而取其材，所以克也。实落材亡，不败何待？"三败及韩。壬戌，战于韩原，晋戎马还泞而止。秦获晋侯以归。

又昭元年　赵孟曰："何谓蛊？"医和对曰："淫溺惑乱之所生也。于文，皿虫为蛊。谷之飞亦为蛊。在《周易》，女惑男，风落山，谓之《蛊》☲。"

蛊：元亨，利涉大川；先甲三日，后甲三日。

《汉书·武帝纪》　诏曰："望见泰一，修天文襢。辛卯夜，若景光十有二明。《易》曰：'先甲三日，后甲三日。'朕甚念年岁未咸登，饬躬斋戒。丁酉，拜况于郊。"师古曰：辛夜有光，是先甲三日也。丁日拜况，是后甲三日也。故诏引《易》文。

　　树达按：应劭云："先甲三日，辛也。后甲三日，丁也。"平江苏先生云："《白虎通》，祭日用丁与辛何？先甲三日，辛也；后甲三日，丁也。皆可以接事昊天之日。见《续汉书·礼仪志》。《注》正本诏意，盖今文说如此。马、郑说《易》，并以先事布令言之。"

初六：幹父之蛊，有子，考无咎，厉终吉。

《汉书·五行志下》之上　京房《易传》曰:"'幹父之蛊,有子,考亡咎。'子三年不改父道,思慕不皇,亦重见先人之非,不则为私。"

上九:不事王侯,高尚其事。

《礼记·表记篇》　子曰:"事君军旅不辟难,期廷不辞贱。处其位而不履其事,则乱也。故君使其臣,得志则慎虑而从之,否则孰虑而从之,终事而退,臣之厚也。《易》曰:'不事王侯,高尚其事。'"

《孟子外书·文说篇》　万章问曰:"子庚何人也?"孟子曰:"古之高人也。上不臣天子,下不事诸侯。《易》曰:'不事王侯,高尚其志。'"

《白虎通·考黜篇》　王者臣得复为诸侯臣者,为衰世主上不明,贤者非其罪而去,道不施行,百姓不得其所,复令得为诸侯臣,施行其道。《易》曰:"不事王侯。"此据言王之致仕臣也。言不事王可知,复言侯者,明年少复得仕于诸侯也。

《后汉书·逸民传·序》　见卷三"遁彖传遁之时义大矣哉"下。

临

《左传》宣十二年　见卷一"师初六"条。

观

《汉书·五行志上》　说曰:木,东方也。《易》,地上之木为《观》。其于王事,威仪容貌亦可观者也。

观：盥而不荐，有孚颙若。

《中论·法象篇》 唐尧之帝允恭克让而光被四表，成汤不敢怠遑而奄有九域，文王祗畏而造彼区夏。《易》曰："《观》：盥而不荐，有孚颙若。"言下观而化也。

象曰：风行地上，观。先王以省方观民设教。

《潜夫论·实边篇》 古之理其民，诱之以利，弗胁以刑。《易》曰："先王以省方观民设教。"

又《述赦篇》 金作赎刑，赦作宥罪，皆谓良人吉士时有过误不幸陷离者尔。先王议谳狱以制，原情论意以救善人，非欲令兼纵恶逆以伤人也。是故《周官》差八议之辟，此先王所以整万民而时雍也。《易》故观民设教，变通移时之义。今日救世，莫急乎此。

六四：观国之光，利用宾于王。

《左传》庄二十二年 陈厉公，蔡出也，故蔡人杀五父而立之，生敬仲。其少也，周史有以《周易》见陈侯者，陈侯使筮之，遇《观》☷之《否》☰。曰："是谓'观国之光，利用宾于王'。此其代陈有国乎？不在此，其在异国；非此其身，在其子孙。光远而自他有耀者也。《坤》，土也；《巽》，风也；《乾》，天也。风为天于土上，山也。有山之材，而照之以天光，于是乎居土上，故曰：'观国之光，利用宾于王。'庭实旅百，奉之以玉帛，天地之美具焉，故曰：'利用宾于王。'犹有观焉，故曰：'其在后乎？'风行而著于土，故曰：'其在异国乎？'若在异国，必姜姓也。姜，大岳之后也。山岳则配天，物莫能两大。陈衰，此其昌乎！"及陈之初亡也，陈桓子始大于齐，其后亡也，成子得政。

上九：观其生，君子无咎。

《汉书·五行志下》之上　京房《易传》曰："《经》称'观其生'，言大臣之义，当观贤人，知其性行，推而贡之；否则为闻善不与，兹谓不知。"

噬嗑

《太平御览》六百四十三引《风俗通》　《易》，《噬嗑》为狱，十月之卦。

象曰：雷电，噬嗑，先王以明罚敕法。

《汉书·艺文志》　法家者流，盖出于理官；信赏必罚，以辅礼制。《易》曰："先王以明罚敕法。"此其所是也。

《潜夫论·三式篇》　《噬嗑》之卦，下动上明。其象曰："先王以明罚饬法。"夫积怠之俗，赏不隆则善不劝，罚不重则恶不惩。故凡欲变风改俗者，其行赏罚也，必使足惊心破胆，民乃易视。

《魏志·王朗传》　朗上疏曰："《易》称'敕法'，《书》著'祥刑'，'一人有庆，兆民赖之'，慎法狱之谓也。"

贲

《吕氏春秋·慎行论·壹行》篇　孔子卜，得《贲》。孔子曰："不吉。"子贡曰："夫《贲》亦好矣，何谓不吉乎？"孔子曰："夫白而白，黑而黑；夫《贲》又何好乎？"

《说苑·反质篇》　孔子卦，得《贲》。喟然仰而叹息，意不平。子张进，举手而问曰："师闻《贲》者吉卦，而叹之乎？"孔子曰："《贲》非正色也，是以叹之。吾思夫质素，白当正白，黑当正黑；夫《贲》又何也？吾亦闻之，丹漆不文，白玉不雕，宝珠不饰：何也？质有余者，不受饰也。"《孔子家语·好生篇》文略同。

观乎天文以察时变，观乎人文以化成天下。

《汉书·艺文志》 天文者，序二十八宿，步五星日月，以纪吉凶之象，圣王所以参政也。《易》曰："观乎天文以察时变。"

又《刘向传》 异有小大希稠，占有舒疾缓急，而圣人所以断疑也。《易》曰："观乎天文以察时变。"

《汉纪》二十七《成帝纪》 刘向上奏曰："《易》曰：'观乎天文以察时变。'昔秦始皇之末，及二世之初，日月薄蚀，山陵沦亡，辰星出于四孟，太白再经天，无云而雷，枉矢夜光，荧惑袭月，孽火烧宫，野禽戏庭，都门内崩，大人见临洮，长星孛于大角，秦氏以亡。及项籍之败，亦孛于大角。汉之入秦，五星聚东井，得天下之象也。"

《论衡·佚文篇》 见卷四"革象传大人虎变"条。

《风俗通·十反篇》 见卷五"上系天垂象"条。

《魏志·文帝传》注引《献帝传》 《易》曰："观乎天文以察时变，观乎人文以化成天下。"又曰："天垂象，见吉凶，圣人则之。河出图，洛出书，圣人效之。"以为天文因人而变。至于河、洛之书，著于《洪范》，则殷、周效而用之矣。斯言诚帝王之明符，天道之大要也。

象曰：山下有火，贲。君子以明庶政，无敢折狱。

《魏志·毛玠传·注》 孙盛曰：魏武于是失政刑矣。《易》称"明折庶狱"，《传》有"举直错枉"，庶狱明则国无怨民，柱直当则民无不服，未有征青蝇之浮声，信浸润之谮诉，可以丕釐四海，惟清缉熙者也。昔者汉高狱萧何，出复相之；玠之一责，永见摈弃。二主度量，岂不殊哉！

剥

《汉书·五行志》中之下　刘向说："于《易》，五为天位，为君位。九月阴气至；五通于天位，其卦为《剥》，剥落万物，始大杀矣，明阴从阳命，臣受君令而后杀也。"

复

《左传》成十六年　楚子救郑。苗贲皇言于晋侯曰："楚之良，在其中军王族而已。请分良以击其左右，而三军萃于王卒，必大败之。"公筮之，史曰："吉。其卦遇《复》䷗，曰：'南国蹙，射其元王中厥目。'国蹙王伤，不败何待？"公从之。

复：亨。出入无疾，朋来无咎。

《汉书·五行志中》之上　京房《易传》曰："《复》：崩来无咎。自上下者为崩。"

《中论·修本篇》　夫见人而不自见者谓之矇，闻人而不自闻者谓之聩，虑人而不自虑者谓之瞀。故明莫大乎自见，聪莫大乎自闻，睿莫大乎自虑。此三者，举之甚轻，行之甚迩，而人莫之知也。故知者举甚轻之事以任天下之重，行甚迩之路以穷天下之远。故德弥高而基弥固，胜弥众而爱弥广。《易》曰"《复》：亨。出入无疾，朋来无咎"，其斯之谓欤？

象曰：雷在地中，复。先王以至日闭关，商旅不行,后不省方。

《白虎通·诛伐篇》 冬至所以休兵,不举事,闭关,商旅不行,何?此日阳气微弱。王者承天理物,故率天下静,不复行役,扶助微气,成万物也。故《孝经谶》曰:"夏至阴气始动,冬至阳气始萌。"《易》曰:"先王以至日闭关,商旅不行。"

又《商贾篇》 商贾,何谓也?商之为言商也。商其远近,度其有无,通四方之物,故谓之商也。贾之为言固也。固其有用之物,以待民来以求利者也。行曰商,止曰贾。《易》曰:"先王以至日闭关,商旅不行,后不省方。"

初九:不远复,无祗悔,元吉。

《蔡邕集·答诏问灾异》 臣窃以意推之:头为元首,人君之象。今鸡身已变,未至于头;而圣主知之,访问其故;是将有其事而遂不成之象也。若应之不精,诚无所及;头冠或成,即为患灾。敬慎威仪动作之容,断壁御,改兴政之原,则其救也。夫以匹夫颜氏之子,有过未尝不知,知之未尝复行。《易》曰:"不远复,无祗悔,元吉。"

《汉纪》十五《武帝纪·论》 任安之斩也,是开后人遂恶而无变计也。《易》曰:"不远复,无祗悔,元吉。"

《后汉纪》十八《顺帝纪》 马融对曰:"《易》'不远复',《论》'不惮改',朋友交接,且不宿过,况于帝王承天理物,以天下为公者乎?"

《魏志·文帝纪》注引《魏略》 王将出征,霍性上疏谏曰:"兵者凶器,必有凶扰;扰则思乱,乱出不意。臣谓此危,危于累卵。昔夏启隐神三年,《易》有'不远而复',《论》有'不惮改'。诚愿大王揆古察今,深谋远虑,与三事大夫算其长短。"

六二：休复，吉。

《魏志·彭城王据传》引《魏书》　明帝与彭城王玺书云："制诏彭城王：有司奏，王遣司马董和，赍珠玉来到京师中尚方，多作禁物，交通工官，出入近署，逾侈非度，慢令违制，绳王以法。朕用怃然，不宁于心。今诏有司宥王，削县二千户，以彰八柄与夺之法。昔羲、文作《易》，著休复之语，仲尼论行，既过能改。王其改行，茂昭斯义，率意无怠！"

上六：迷复。凶。

《左传》襄二十八年　蔡侯之如晋也，郑伯使游吉如楚。及汉，楚人还之，曰："宋之盟，君实亲辱。今吾子来，寡君谓吾子姑还！吾将使驲奔问诸晋而以告。"子太叔归，复命，告子展曰："楚子将死矣！不修其政德，而贪昧于诸侯，以逞其愿，欲久得乎？《周易》有之，在《复》䷗之《颐》䷚，曰：'迷复，凶。'其楚子之谓乎？欲复其愿，而弃其本，复归无所，是谓迷复。能无凶乎？"

无妄

《汉书·谷永传》　永对问云："陛下承八世之功业，当阳数之标季，涉三七之节纪，遭《无妄》之卦运，直百六之灾厄。"

六二：不耕获，不菑畬。

《礼记·坊记篇》　子云："礼之先币帛也，欲民之先事而后禄也。先财而后礼，则民利；无辞而行情，则民争。故君子于有馈者弗能见,则不视其馈。"《易》曰:"不耕获,不菑畬,凶。"

大畜

大畜:利贞。不家食,吉;利涉大川。

《礼记·表记篇》 子曰:"事君,大言入则望大利,小言入则望小利;故君子不以小言受大禄,不以大言受小禄。"《易》曰:"不家食,吉。"

彖曰:大畜,刚健笃实,辉光日新其德。

《魏志·管辂传》注引《辂别传》 刘邠问辂:"《易》言'刚健笃实,辉光日新',斯为同不也?"辂曰:"不同之名,朝旦为辉,日中为光。"

象曰:天在山中,大畜。君子以多识前言往行,以畜其德。

《潜夫论·赞学篇》 是故工欲善其事,必先利其器;士欲宣其义,必先读其书。《易》曰:"君子以多志前言往行,以畜其德。"

《汉纪》三十《自序》 惟汉四百二十有六载,皇帝拨乱反正,统武兴文,永惟祖宗之洪业,思光启于万嗣,阐综大猷,命立国典,以及群籍。于是乃作考旧,通连体要,以述《汉纪》。《易》称"多识前言往行,以畜其德",《诗》云"古训是式"。中兴已前,一时之事,明主贤臣规模法则得失之轨,亦足以监矣。

九三:良马逐,利艰贞;曰闲舆、卫,利有攸往。

《汉书·五行志下》之上　京房《易传》："经曰'良马逐'。逐，进也。言大臣得贤者谋，当显进其人，否则为下相攘善。兹谓盗明。"

颐

圣人养贤以及万民。

《潜夫论·班禄篇》　是故明君临众必以正轨，既无厌有，务节礼而厚下，复德而崇化，使皆阜于养生而竞于廉耻也。是以官长正而百姓化，邪心黜而奸匿绝；然后乃能协和气而致太平也。《易》曰："圣人养贤，以及万民。"[国以民]三字据汪校补。为本，君以臣为基，然后高能可崇也。

大过

初六：藉用白茅，无咎。

《汉书·淮阳宪王钦传》　王骏谕指曰："《春秋》之义，大能变改。《易》曰：'藉用白茅，无咎。'言臣子之道，改过自新，絜己以承上，然后免于咎也。"

树达按：《汉书·王吉传》云："吉好梁丘贺说《易》，令子骏受焉。"则此《梁丘易说》也。

《魏志·李通传》注引李秉《家诫》　见卷一"坤六四"条。

九五：枯杨生华，老妇得其士夫，无咎，无誉。

《汉书·西域传》下　曩者，朕之不明，以军候弘上书言

"匈奴缚马前后足，置城下，驰言'秦人！我匄若马'"，又汉使者久留不还，故兴师遣贰师将军，欲以为使者威重也。古者卿大夫与谋，参以蓍龟，不吉不行。乃者以缚马书遍视丞相御史二千石诸大夫郎为文学者，乃至郡属国都尉成忠、赵破奴等，皆以"虏自缚其马，不祥甚哉"，或以为"欲以见强，夫不足者示人有余"。易之，卦得《大过》，爻在九五，匈奴困败。公车方士、太史治星望气，及太卜龟蓍，皆以为吉："匈奴必破，时不可再得也。"又曰："北伐行将，于䣫山必克。"卦诸将，贰师最吉。故朕亲发贰师下䣫山，诏之必毋深入。今计谋卦兆皆反谬。《汉纪》十五《武帝纪》文略同。

上六：过涉灭顶，凶，无咎。

《后汉书·赵典传》　赵温与李傕书曰："于《易》，一为过；再为涉；三而弗改，灭其顶，凶。"《后汉纪》二十《献帝纪》文同。

坎

《释名·释天》　子，于《易》为《坎》。坎，险也。

《魏志·管辂传》注引《辂别传》　辂又曰："坎为棺椁。"

上六：系用徽纆，寘于丛棘，三岁不得，凶。

《公羊传》宣元年《解诂》　古者疑狱三年而后断。《易》曰："系用徽墨，寘于丛棘，三岁不得，凶。"是也。

天险，不可升也；地险，山川丘陵也。

《风俗通·山泽篇》　见本卷"同人九三"条。

王公，设险以守其国。

《吴志·孙皓传》注引陆机《辨亡论》 古人有言曰:"天时不如地利。"《易》曰:"王侯设险以守其国。"言为国之恃险也。

离

《释名·释天》 午,于《易》为《离》。离,丽也;物皆附丽,阳气以茂也。

《后汉书·荀爽传》 爽陈便宜云:"臣闻之于师曰:'汉为火德,火生于木,木盛于火,故其德为孝,其象在《周易》之《离》。'夫在地为火,在天为日。在天者用其精,在地者用其形。"

彖曰:离,丽也;日月丽乎天,百谷草木丽乎土。

《论衡·说日篇》 儒者说曰:"日行一度,天一日一夜行三百六十五度。天左行,日月右行,与天相迎。"问:"日月之行也,系著于天也;日月附天而行,不直行也。何以言之?"《易》曰:"日月星辰丽乎天,百果草木丽于土。"丽者,附也;附天所行,若人附地而圆行;其取喻若蚁行于砥上焉。

象曰:明两作,离。大人以继明照于四方。

《中论·智行篇》 圣人之可及,非徒空行也,智也。伏羲作八卦,文王增其辞,斯皆穷神知化,岂徒特行善而已乎?《易·离》象称"大人以继明照于四方"。且大人,圣人也;其余象皆称君子,盖君子通于贤者也。聪明,惟圣人能尽之;大才通人,有而不能尽也。

九三:日昃之离,不鼓缶而歌,则大耋之嗟,凶。

《风俗通·声音篇》 《易》称"日昃之离,不鼓缶而歌",《诗》云"坎其击缶,宛丘之道"。缶者,瓦器,所以盛浆。秦人鼓之以节歌。

九四:突如其来如,焚如,死如,弃如。

《盐铁论·杂论篇》 桑大夫据当世,合时变,推道术,尚权利,辟略小辩;虽非正法,然巨儒宿学,恶然大能自解,可谓博物通士矣。然摄卿相之位,不引准绳以道化下,放于利末,不师始古。《易》曰:"焚如,弃如。"处非其位,行非其道,果陨其性,以及厥宗。

上九:王用出征,有嘉折首,获匪其丑,无咎。

《汉书·陈汤传》 刘向上疏云:"《易》曰'有嘉折首,获非其丑',言美诛首恶之人,而诸不顺者皆来从也。"《汉纪》二十三《元帝纪》文略同。

周易古义卷三（下经）

咸

《荀子·大略篇》　《易》之《咸》见夫妇。夫妇之道不可不正也，君臣父子之本也。咸，感也。以高下下，以男下女，柔上而刚下。聘士之义，亲迎之道，重始也。

观其所感，而天地万物之情可见矣。

《申鉴·杂言》下篇　见卷一"乾彖乾道变化"条。

象曰：山上有泽，咸。君子以虚受人。

《中论·虚道篇》　人之为德，其犹器欤？器虚则物注，满则止焉。故君子常虚其心志，恭其容貌，不以逸群之才加乎众人之上，视彼犹贤，自视犹不足也。故人愿告之而不厌，诲而不倦。《易》曰："君子以虚受人。"

恒

恒：亨，无咎，利贞。

《中论·贵验篇》 孔子曰："欲人之信己也，则微言而笃行之。"笃行之则用日久；用日久则事著明；事著明则有目者莫不见也，有耳者莫不闻也，其可诬哉！故根深而枝叶茂，行久而名誉远。《易》曰"恒：亨，无咎，利贞"，言久于其道也。

圣人久于其道而天下化成。

《艺文类聚》二十引孔融《圣人优劣论》 孔目尧作天子九十余年，政化洽于民心，雅颂流于众听，是以声德发闻，遂为称首；则《易》所谓"圣人久于其道而天下化成"，百年然后胜残去杀，必世而后仁者也。故曰："大哉！尧之为君也！"尧之为圣也，明其圣与诸圣同，但以久见称为君尔。

九三：不恒其德，或承之羞。

《论语·子路篇》 子曰："南人有言曰：'人而无恒，不可以作巫医。'善夫！""不恒其德，或承之羞。"子曰："不占而已矣。"

《礼记·缁衣篇》 子曰："南人有言曰：'人而无恒，不可以为卜筮。'古之遗言与？龟筮犹不能知也，而况于人乎？《诗》云：'我龟既厌，不我告犹。'《兑命》曰：'爵无及恶德。民立而正，事纯而祭祀，是为不敬。事烦则乱，事神则难。'《易》曰：'不恒其德，或承之羞。''恒其德，贞。妇人吉，夫子凶。'"

《韩诗外传》卷八　齐崔杼弑庄公,荆蒯芮使晋而反。其仆曰:"君之无道也,四邻诸侯莫不闻也;以夫子而死之,不亦难乎?"荆蒯芮曰:"善哉!而言也。早言,我能谏;谏而不用,我能去。今既不谏,又不去。吾闻之:'食其食,死其事。'吾既食乱君食,又安得治君而死之?"遂驱车而入,死其事。仆曰:"人有乱君,犹必死也;我有治长,可无死乎?"乃结辔自刎于车上。君子闻之,曰:"荆蒯芮可谓守节死义矣!仆夫则无为死也,犹饮食而遇毒也。"《诗》曰:"夙夜匪懈,以事一人。"荆先生之谓也。《易》曰:"不恒其德,或承之羞。"仆夫之谓也。

《后汉书·马廖传》　廖上疏云:"陛下既已得之自然,犹宜加以勉勖,法太宗之隆德,戒成、哀之不终。《易》曰:'不恒其德,或承之羞。'"

树达按:本传《注》引《东观记》云:"廖少习《易经》。"

六五:恒其德,贞;妇人吉,夫子凶。
《礼记·缁衣篇》　见"九三"。

遯

遯之时义大矣哉!
《后汉书·逸民传·序》　《易》称"遯之时义大矣哉"。又曰:"不事王侯,高尚其事。"是以尧称则天,不屈颍阳之高;武尽美矣,终全孤竹之絜。

大壮

《左传》昭三十二年　史墨曰："社稷无常奉，君臣无常位，自古以然。故《诗》曰：'高岸为谷，深谷为陵。'三后之姓，于今为庶，主所知也。在《易》卦，雷乘《乾》曰大壮䷡，天之道也。"

《后汉书·郎𫖮传》　𫖮条便宜云："孔子曰：'雷之始发《大壮》始，君弱臣强从《解》起。'今月九日至十四日，《大壮》用事，消息之卦也。于此六日之中，雷当发声；发声则岁气和，王道兴也。"

树达按：此《京氏易说》也。

《续汉书·舆服志》上　后世圣人观于天，视斗周旋，魁方杓曲，以携龙角为帝车；于是乃曲其辀，乘牛驾马，登险赴难，周览八极。故《易·震》乘《乾》谓之《大壮》，言器莫能有上之者也。

象曰：雷在天上，大壮：君子以非礼勿履。

《魏志·管辂传》　见卷二"谦大象传"。

晋

晋：康侯用锡马蕃庶，昼日三接。彖曰：晋，进也。明出地上，顺而丽乎大明，柔进而上行，是以康侯用锡马蕃庶，昼日三接也。

《开元占经》一引陆绩《浑天仪说》　周公叙次六十四卦，

两两相承，反覆成象，以法天行，周而复始，昼夜之义。故《晋卦》象曰："昼日三接。"《明夷》爻象曰："初登于天，后入于地。"仲尼说之曰："明出地上，《晋》。进而丽乎大明，是以昼日三接。"明入地中，《明夷》，夜也。先昼后夜，先《晋》后《明夷》。故曰："初登于天，昭四国也；后入于地，失则也。"日月丽乎天，随天转运，入乎地以成昼夜也。浑天之义，盖与此同。

六二：晋如，愁如，贞吉。受兹介福于其王母。

《汉书·王莽传》 群臣上寿曰："乃庚子，雨水洒道；辛丑，清靓无尘；其夕，谷风迅疾从东北来。辛丑，《巽》之宫日也。《巽》为风，为顺；后谊明，母道得，温和慈惠之化也。《易》曰：'受兹介福，于其王母。'"

明夷

《汉书·杜邺传》 邺对问云："日食，明阳为阴所临，《坤卦》乘《离》，明夷之象也。"

初九：明夷于飞，垂其翼。君子于行，三日不食；有攸往，主人有言。

《左传》昭五年 初，穆子之生也，庄叔以《周易》筮之，遇《明夷》䷣之《谦》䷎。以示卜楚丘，曰："是将行，而归为子祀，以逸人入，其名曰牛，卒以馁死。《明夷》，日也。日之数十，故有十时，亦当十位。自王已下，其二为公，其三为卿。日上其中，食日为二，旦日为三。《明夷》之《谦》，明而未融，其当旦乎？故曰：'为子祀。'日之《谦》当鸟，故曰：

'《明夷》于飞。'明而未融，故曰：'垂其翼。'象日之动，故曰：'君子于行。'当三在旦，故曰：'三日不食。'《离》，火也；《艮》，山也。《离》为火，火焚山，山败；于人为言，败言为逸，故曰：'有攸往，主人有言。'言必逸也。纯《离》为牛，世乱逸胜，胜将适《离》，故曰：'其名曰牛。'《谦》不足，飞不翔，垂不峻，翼不广，故曰：'其为子后乎。'吾子，亚卿也，抑少不终。"

六五：箕子之明夷，利贞。

《汉书·儒林·孟喜传》 又蜀人赵宾好小数书，后为《易》，饰《易》文，以为"箕子明夷，阴阳气亡箕子；箕子者，万物方荄兹也"。

上六：不明，晦。初登于天，后入于地。

象曰：初登于天，照四国也；后入于地。失则也。

《开元占经》一引陆绩《浑天仪说》 见上"晋象"。

家人

《蜀志·杨仪传》 十二年，随亮出屯谷口。亮卒于敌场。仪既领军还，又诛讨延，自以为功勋至大，宜当代亮秉政，呼都尉赵正以《周易》筮之，卦得《家人》，默然不悦。而亮平生密指，以仪性狷狭，意在蒋琬，琬遂为尚书令、益州刺史。仪至，拜为中军师，无所统领，从容而已。

象曰：家人：女正位乎内，男正位于外；男女正，天地之大义也。

《魏志·后妃传》 《易》称"男正位乎外，女正位乎内；

男女正，天地之大义也"。古先哲王，莫不明后妃之制，顺天地之德，故二妃嫔妫，虞道克隆，任、姒配姬，周室用熙，废兴存亡，恒此之由。

父父，子子，兄兄，弟弟，夫夫，妇妇，而家道正；正家而天下定矣。

《汉书·匡衡传》　衡上疏云："圣人动静游燕，所亲物得其序；得其序，则海内自修，百姓从化。如当亲者疏，当尊者卑，则佞巧之奸因时而动，以乱国家。故圣人慎防其端，禁于未然，不以私恩害公义。陛下圣德纯备，莫不修正，则天下无为而治。《诗》云：'于以四方，克定厥家。'传曰：'正家而天下定矣。'"

《汉纪》五《惠帝纪》　荀悦曰："夫妇之际，人道之大伦也。《诗》称'刑于寡妻，至于兄弟，以御于家邦'，《易》称'正家道，家道正而天下大定矣'。姊子而为后，昏于礼而黩于人情，非所以示天下，作民则也。"

《魏志·文德郭后传》　栈潜上疏曰："在昔帝王之治天下，不惟外辅，亦有内助；治乱所由，盛衰从之。故西陵配黄，英娥降妫，并以贤明，流芳上世。桀奔南巢，祸阶末喜；纣以炮烙，怡悦妲己。是以圣哲慎立元妃，必取先代世族之家，择其令淑，以统六宫，虔奉宗庙，阴教聿修。《易》曰：'家道正而天下定。'由内及外，先王之令典也。"

《吴志·孙氏诸夫人传·评》　《易》称"正家而天下定"，《诗》云"刑于寡妻，至于兄弟，以御于家邦"。诚哉，是言也！远观齐桓，近察孙权，皆有识士之明，杰人之志；而嫡庶不分，闺庭错乱，遗笑古今，殃流后嗣。由是论之，惟以道义为心，平一为主者，然后克免斯累邪！

六二：无攸遂，在中馈，贞吉。

《列女传·母仪篇》　孟母曰："夫妇人之礼，精五饭，幂酒浆，养舅姑，缝衣裳而已矣。"故有闺内之修，而无境外之志。《易》曰："在中馈，无攸遂。"《孟子外书·性善辨》文大同。

《汉书·谷永传》　永对问云："《易》曰：'在中馈，无攸遂。'言妇人不得与事也。"

《后汉书·杨震传》　震上疏云："夫女子小人，近之喜，远之怨，实为难养。《易》曰'无攸遂，在中馈'，言妇人不得与于政事也。"

睽

上九：睽孤，见豕负涂，载鬼一车，先张之弧。

《左传》僖十五年　见卷四"归妹上六"条。

《汉书·五行志下》之上　六月，长安女子有生儿，两头异颈面相乡，四臂共匈俱前乡，尻上有目长二寸所。京房《易传》曰："'睽孤，见豕负涂'，厥妖人生两头。下相攘善，妖亦同。人若六畜首目在下，兹谓亡上，正将变更。凡妖之作，以谴失正，各象其类。二首，上不壹也；手多，所任邪也；上字、手字，据王念孙校改。足少，下不胜任，或不任下也。凡下体生于上，不敬也；上体生于下，媟渎也；生非其类，淫乱也；人生而大，上速成也；生而能言，好虚也。群妖推此类，不改乃成凶也。"

蹇

蹇：利西南，不利东北，利见大人，贞吉。蹇利西南，往得中也；不利东北，其道穷也。

《魏志·邓艾传》 初，艾当伐蜀，梦坐山上而有流水，以问殄虏护军爰邵。邵曰："按《易卦》，山上有水曰《蹇》。《蹇》繇曰：'《蹇》，利西南，不利东北。'孔子曰：'《蹇》，利西南，往有功也；不利东北，其道穷也。'往必克蜀，殆不还乎！"

六二：王臣蹇蹇，匪躬之故。

《说苑·正谏篇》 《易》曰："王臣蹇蹇，匪躬之故。"人臣之所以蹇蹇为难而谏其君者，非为身也；将欲以匡君之过，矫君之失也。

《魏志·陈群传》注引《袁子》 或云：故少府杨阜，岂非忠臣哉？见人主之非，则勃然怒而触之；与人言，未尝不道也。岂非所谓"王臣蹇蹇，匪躬之故"者欤？

《群书治要》引桓范《世要论·谏争篇》 夫谏争者，所以纳君于道，矫枉正非，救上之谬也。上苟有谬而无救焉，则害于事；害于事，则危道也。故曰："危而不持，颠而不扶，则将焉用彼相。"扶之之道，莫过于谏矣。故子从命者不得为孝，臣苟顺者不得为忠。是以国之将兴，贵在谏臣；家之将盛，贵在谏子。若托物以风喻，微生而不切，不切则不改；唯正谏直谏可以补缺也。《诗》云："衮职有缺，仲山甫补之。""柔亦不茹，刚亦不吐。"正谏者也。《易》曰："王臣謇謇。"传曰：

"谔谔者昌。"直谏者也。然则咈人之耳,逆人之意,变人之情,抑人之欲;不尔,不为谏也。

解

《后汉书·郎𫖮传》 𫖮条便宜云:"孔子曰:'君弱臣强从《解》起。'"

象曰:雷雨作,解;君子以赦过宥罪。

《汉书·五行志下》之下 严公七年"四月辛卯夜,恒星不见;夜中,星陨如雨"。刘歆以为昼象中国,夜象夷狄。夜明,故常见之星皆不见,象中国微也。"星陨如雨",如,而也,星陨而且雨,故曰"与雨偕也",明雨与星陨两变相成也。《洪范》曰:"庶民惟星。"《易》曰:"雷雨作,《解》。"是岁,岁在玄枵,齐分野也。夜中而星陨,象庶民中离上也。雨以解过施,复从上下,象齐桓行伯,复兴周室也。

《后汉书·党锢·李膺传》 应奉上疏云:"夫立政之要,记功忘失,是以武帝舍安国于徒中,宣帝征张敞于亡命。绳前讨荆蛮,均吉甫之功。祐数临督司,有不吐茹之节。膺著威幽、并,遗爱度辽。今三垂蠢动,王旅未振。《易》称'雷雨作,解,君子以赦过宥罪'。乞原膺等,以备不虞。"

损

《淮南子·人间训》 孔子读《易》至《损》《益》,未尝不愤然而叹曰:"益损者,其王者之事与!或欲以利之,适足以害之;或欲害之,乃反以利之。利害之反,祸福之门户,不可不察也。"

《说苑·敬慎篇》 孔子读《易》至于《损》《益》,则喟然而叹。子夏避席而问曰:"夫子何为叹?"孔子曰:"夫自损者益,自益者缺,吾是以叹也。"子夏曰:"然则学者不可以益乎?"孔子曰:"否。天之道,成者未尝得久也。夫学者以虚受之,故曰得。苟不知持满,则天下之善言不得入其耳矣。昔尧履天子之位,犹允恭以持之,虚静以待下,故百载以逾盛,迄今而益章;昆吾自臧而满意,穷高而不衰,故当时而亏败,迄今而逾恶。是非损益之征与?吾故曰:'谦也者,致恭以存其位者也。'夫丰明而动,故能大;苟大则亏矣。吾戒之。故曰:'天下之善言不得入其耳矣。''日中则昃,月盈则食,天地盈虚,与时消息。'是以圣人不敢当盛。升舆而遇三人则下,二人则轼;调其盈虚,故能长久也。"子夏曰:"善!请终身诵之。"《家语·六本篇》本此文而小异,不复录。

《后汉书·逸民·向长传》 长读《易》至《损》《益》卦,喟然叹曰:"吾已知富不如贫,贵不如贱;但未知死何如生耳。"

九二:利贞,征凶。弗损益之。

《说苑·敬慎篇》 孔子曰:"持满之道,挹而损之。"子路曰:"损之有道乎?"孔子曰:"高而能下,满而能虚,富而能俭,贵而能卑,智而能愚,勇而能怯,辨而能讷,博而能浅,明而能暗,是谓损而不极。能行此道,惟至德者及之。《易》曰'不损而益之',故损;自损而终,故益。"

上九:弗损益之,无咎,贞吉。利有攸往,得臣无家。

《汉书·五行志中》之上　谷永曰："易称'得臣无家',言王者臣天下,无私家也。"《汉纪》二十五《成帝纪》同。

《蔡邕集·答诏问灾异》　《河图秘征篇》曰："帝贪则政暴,吏酷则诛深,而蝗虫出。息不急之作,省赋役之费,进清仁,黜贪虐,介损永安钩盾别藏以赡国用,则其救也。《易》曰'得臣无家',言天下何私家之有。"

益

彖曰：益，损上益下，民说无疆。

《汉书·王莽传》　莽下书曰："惟民困乏,虽溥开诸仓以赈赡之,犹恐未足。其且开天下山泽之防,诸能采取山泽之物而顺月令者,其恣听之,勿令出税。至地皇三十年如故,是王光上戊之六年也。如令豪吏猾民辜而攉之,小民弗蒙,非予意也。《易》不云乎？'损上益下,民说无疆。'"

树达按：《莽传》云：长安国由为莽讲《易》祭酒。又《后汉书·徐防传》云：祖父宣以《易》教授王莽。

《魏志·齐王芳传》　诏曰："《易》称'损上益下','节以制度,不伤财,不害民'。方今百姓不足,而御府多作金银杂物,将奚以为？"

自上下下，其道大光。

《说苑·尊贤篇》　人君之欲平治天下而垂荣名者,必尊贤而下士。《易》曰："自上下下,其道大光。"又曰："以贵下贱,大得民也。"

六二：或益之十朋之龟，弗克违，永贞吉。王用享于帝，吉。

《蔡邕集·明堂月令论》 《易》正月之卦曰《益》。其《经》曰："王用享于帝，吉。"孟春《令》曰："乃择元日，祈谷于上帝。"

夬

夬，扬于王庭。

《汉书·艺文志》 《易》曰："上古结绳以治，后世圣人易之以书契，百官以治，万民以察，盖取诸《夬》。""《夬》，扬于王庭"，言其宣扬于王者朝廷，其用最大也。

《说文解字·序》 黄帝之史仓颉，见鸟兽蹄远之迹，知分理之可相别异也，初造书契，百工以乂，万品以察，盖取诸《夬》。"《夬》，扬于王庭"，言文者宣教明化于王者朝廷，君子所以施禄及下、居德则忌也。

九四：臀无肤，其行次且。

《新序·杂事篇》五 宋玉事楚襄王而不见察，意气不得，形于颜色。或谓曰："先生何谈说之不扬，计画之疑也？"宋玉曰："不然，子独不见夫玄蝯乎？当其居桂林之中，峻叶之上，从容游戏，超腾往来，龙兴而鸟集，悲啸长吟。当此之时，虽羿、逢蒙不得正目而视也。及其在枳棘之中也，恐惧而掉慄，危视而迹行，众人皆得意焉。此皮筋非加急，而体益短也，处势不便故也。夫处势不便，岂可以量功校能哉？《诗》不云乎？'驾彼四牡，四牡项领'。夫久驾而长不得行，项领不亦宜乎？《易》曰'臀无肤，其行趑趄'，此之谓也。"

姤

象曰：天下有风，姤：后以施命诰四方。

《后汉书·鲁恭传》 恭上疏："案《易》，五月《姤》用事。《经》曰：'后以施令诰四方。'言君以夏至之日，施命令止四方行者，所以助微阴也。"

> 树达按：惠栋云：《释文》"诰四方"，郑玄、王肃皆作"诘四方"。诘，止也。与鲁恭合。东观书自作诘；后人习于王弼之学，改诘为诰，非《后汉》本文也。

萃

萃：亨，王假有庙。

《后汉书·杨秉传》 秉上疏："王者至尊，出入有常，警跸而行，静室而止，自非郊庙之事，则銮旗不驾。故《诗》称'自郊徂宫'，《易》曰'王假有庙'，致孝享也。"《后汉纪》二十一《桓帝纪》同。

> 树达按：《秉传》云：秉明《京氏易》。

象曰：泽上于地，萃：君子以除戎器，戒不虞。

《说苑·指武篇》 司马法曰："国虽大，好战必亡；天下虽安，忘战必危。"《易》曰："君子以除戎器，戒不虞。"夫兵不可玩，玩则无威；兵不可废，废则召寇。昔吴王夫差好战而亡，徐偃王无武亦灭。故明王之制国也，上不玩兵，下不废武。《易》曰："存不忘亡，是以身安而国家可保也。"

升

升，元亨，用见大人，勿恤；南征，吉。

《中论·修本篇》 先民有言："明出乎幽，著生乎微。"故宋井之霜，以基升正之寒；黄芦之萌，以兆大中之暑。事亦如之。故君子修德始乎笄卯，终乎鲐背；创乎夷原，成乎乔岳。《易》曰："升，元亨，用见大人，勿恤，南征，吉。"积小致大之谓也。

困

困：亨，贞，大人吉，无咎；有言不信。

《说苑·杂言篇》 孔子遭难陈、蔡之境，绝粮。弟子皆有饥色，孔子歌两柱之间。子路入见曰："夫子之歌，礼乎？"孔子不应。曲终而曰："由！君子好乐，为无骄也；小人好乐，为无慑也。其谁知之？子不我知而从我者乎？"子路不说，授干而舞，三终而出。及至七日，孔子修乐不休。子路愠，见曰："夫子之修乐，时乎？"孔子不应。乐终而曰："由！昔者齐桓霸心生于莒，勾践霸心生于会稽，晋文霸心生于骊氏，故居不幽则思不远，身不约则智不广，庸知而不遇之？"于是兴。明日，免于厄。子贡执辔曰："二三子从夫子而遇此难也，其不可忘已！"孔子曰："恶！是何言也！语不云乎？'三折肱而成良医。'夫陈、蔡之间，丘之幸也；二三子从丘者，皆丘之幸人也。吾闻人君不困不成王，列士不困不成行。昔昔汤困于莒，文王困于羑里，秦穆公困于殽，齐桓困于长勺，句践困于会稽，晋文困于骊氏。夫困之为道，从寒之及暖，暖之及寒也。唯贤者独知而难言之也。《易》曰：'困：亨贞，大人吉，无咎；有言不信。'"圣人所与人难言信也。

困而不失其所亨，其唯君子乎！

《后汉书·郎𫖮传》 𫖮条便宜云："凡九二困者，众小人欲共困害君子也。《经》曰：'困而不失其所？其唯君子乎！'唯独贤圣之君，遭困遇险，能致命遂志，不去其道。"

> 树达按：《𫖮传》云：𫖮父宗学《京氏易》，𫖮少传父业。

象曰：泽无水，困：君子以致命遂志。

《中论·修本篇》 世之治也，行善者获福，为恶者得祸；及其乱也，行善者不获福，为恶者不得祸，变数也。知者不以变数疑常道，故循福之所自来，防祸之所由至也。遇不遇，非我也，其时也。夫施吉报凶谓之命，施凶报吉谓之幸，守其所志而已矣。《易》曰："君子以致命遂志。"

六三：困于石，据于蒺藜，入于其宫，不见其妻，凶。

《左传》襄二十五年 齐棠公之妻，东郭偃之姊也。东郭偃臣崔武子。棠公死，偃御武子以吊焉。见棠姜而美之，使偃取之。偃曰："男女辨姓，今君出自丁，臣出自桓，不可。"武子筮之，遇《困》☱之《大过》☰。史皆曰："吉！"示陈文子。文子曰："夫从风，风陨，妻不可娶也。且其繇曰：'困于石，据于蒺藜，入于其宫，不见其妻，凶。'困于石，往不济也。据于蒺藜，所恃伤也。入于其宫，不见其妻，凶，无所归也。"崔子曰："嫠也何害？先夫当之矣。"遂取之。

《韩诗外传》卷六　《易》曰："困于石，据于蒺藜，入于其宫，不见其妻，凶。"此言困而不见据贤人者也。昔者秦缪公困于殽，疾据五羖大夫、蹇叔、公孙支而小霸；晋文困于骊氏，疾据咎犯、赵衰、介子推而遂为君；越王勾践困于会稽，疾据范蠡、大夫种而霸南国；齐桓公困于长勺，疾据管仲、宁戚、隰朋而匡天下：此皆困而知疾据贤人者也。夫困而不知疾据贤人，而不亡者，未尝有之也。

井

九三：井渫不食，为我心恻，可用汲。王明，并受其福。

《史记·屈原传》　人君无愚智贤不肖，莫不欲求忠以自为，举贤以自佐，然亡国破家相随属，而圣君治国累世而不见者，其所谓忠者不忠，而所谓贤者不贤也。怀王以不知忠臣之分，故内惑于郑袖，外欺于张仪，疏屈平而信上官大夫、令尹子兰。兵挫地削，亡其六郡，身客死于秦，为天下笑。此不知人之祸也。《易》曰："井渫不食，为我心恻，可以汲。王明，并受其福。"王之不明，岂足福哉！

《潜夫论·释难篇》　是故贤人君子既忧民，亦为身作。夫盖满于上，沾溥在下；栋折榱崩，惧有厥患。故大屋移倾，则下之人不待告令，各争共柱之，仁者兼护人家者，且自为也。《易》曰："王明，并受其福。"

又《明忠篇》　"鸣鹤在阴，其子和之；相彼鸟矣，犹求友声。"故人君不开精诚以示贤忠，贤忠亦无以得达。《易》曰："王明，并受其福。"是以忠臣必待明君乃能显其节，良吏必得察主乃能成其功。

《中论·爵禄篇》 故圣人以无势位为穷,百工以无器用为困。困则其资亡,穷则其道废。故孔子栖栖而不居者,盖忧道废故也。《易》曰:"井渫不食,为我心恻,可用汲。王明,并受其福。"

周易古义卷四（下经）

革

《论衡·谴告篇》 是故《离》下《兑》上曰《革》；革，更也。火金殊气，故能相革。如俱火而皆金，安能相成？

革：已日乃孚，元亨利贞，悔亡。

《宋书·礼志》一引高堂隆《改正朔议》 按自古有文章以来，帝王之兴，受禅之与干戈，皆改正朔，所以明天道，定民心也。《易》曰："《革》，元亨利贞。有孚，改命，吉。"汤武革命，应乎天，从乎人。

汤武革命，顺乎天而应乎人。

《汉书·律历志》 《易》金火相革之卦曰"汤武革命，顺乎天而应乎人"，又曰"治历明时"，所以和人道也。

《白虎通·圣人篇》 何以言文、武、周公皆圣人也？《诗》曰："文王受命。"非圣不能受命。《易》曰："汤武革命，顺乎天。"汤与文王比方。《孝经》曰："则周公其人也。"下言：

"夫圣人之德，又何以加于孝乎？"

又《三正篇》 王者改作乐，必得天应而后作，何？重改制也。《春秋·瑞应传》曰："敬受瑞应，而王改正朔，易服色。"《易》曰："汤武革命，顺乎天而应乎民也。"

《汉纪》四《高祖纪·论》 夫帝王之作，必有神人之助；非德无以建业，非命无以定众。或以文昭，或以武兴，或以圣立，或以人崇。焚鱼斩蛇，异功同符，岂非精灵之感哉！《书》曰"天工人其代之"，《易》曰"汤武革命，顺乎天而应乎人"，其斯之谓乎？

《风俗通·三王篇》 《易》称："汤武革命。"《尚书》："武王戎车三百两，虎贲八百人，擒纣于牧之野。""惟十有三祀，王访于箕子。"《诗》云："亮彼武王，袭伐大商；胜殷遏刘，耆定武功。"由是言之，武王审矣。《论语》："文王率殷之叛国以服事殷。"时尚臣属，何缘便得列三王哉？经美文王三分天下有其二，王业始兆于此耳。

《续汉书·律历志中》 见次条。

《吴志·孙皓传》注引陆机《辨亡论》 《易》曰："汤武革命，顺乎天。"或曰："乱不极则治不形。"言帝王之因天时也。

《宋书·礼志》一引高堂隆《改正朔议》 见"象"。

象曰：泽中有火，革：君子以治历明时。

《汉书·律历志》 见"象传"。

《续汉书·律历志中》 贾逵论历云："天道参差不齐，必有余；余又有长短，不可以等齐。治历者方以七十六岁断之，则余分稍长，稍得一日。故《易》金火相革之卦象曰'君子以治历明时'，又曰'汤武革命，顺乎天，应乎人'，言圣人必历象日月星辰，明数不可贯数千万岁，其间必改更，先距求度数，取合日月星辰所在而已。"

九四：悔亡。有孚改命，吉。

《宋书·礼志》一引高堂隆《改正朔议》　见"彖"。

象曰：大人虎变，其文炳也。

象曰：君子豹变，其文蔚也。

《群书治要》引桓谭《新论》　《易》言"大人虎变"，"君子豹变"，即以是论谕人主。

《论衡·佚文篇》　候气变者于天，不于地，天文明也。衣裳在身，文著于衣，不在于裳，衣法天也。察掌理者左，不观右，左文明也。占在右，不观左，右文明也。《易》曰："大人虎变，其文炳；君子豹变，其文蔚。"又曰："观乎天文，观乎人文。"此言天人以文为观，大人君子以文为操也。

《风俗通·正失篇》　《易》称"大人虎变，其文炳；君子豹变，其文蔚。"传曰："山有猛虎，草木茂长。"故天之所生，备物致用，非以伤人也。然时为害者，乃其政使然也。

鼎

《汉书·五行志中》之下　刘歆说："《易》有《鼎》卦。鼎，宗庙之器。主器奉宗庙者，长子也。"

彖曰：鼎，象也。

《北堂书钞·设官部》引应劭《汉官仪》　三公三人以承君，盖由鼎有足。故《易》曰："鼎，象也。"

九四：鼎折足，覆公餗，其形渥，凶。

《春秋繁露·精华篇》　以所任贤，谓之主尊国安；所任非其人，谓之主卑国危，万世必然，无所疑也。其在《易》曰："鼎折足，覆公𫗧。"夫鼎折足者，任非其人也；覆公𫗧者，国家倾也。是故任非其人而国家得不倾者，自古至今，未尝闻也。

《汉书·叙传》　班彪《王命论》曰："是故驽蹇之乘，不骋千里之涂；燕雀之畴，不奋六翮之用；橧桅之材，不荷栋梁之任；斗筲之子，不秉帝王之重。《易》曰'鼎折足，覆公𫗧'，不胜其任也。"《汉纪》三十《平帝纪》、《后汉纪》三《光武纪》文同。

《汉纪》十二《武帝纪·论》　夫封必以功，不闻以位。孔子曰："如有所誉，必有所试矣。"誉必待试，况于赏乎？《易》曰："鼎折足，覆公𫗧，其刑剭，凶。"若不胜任，覆乱鼎实，刑将加之，况于封乎？

又二十九《哀纪》下　王闳上书谏曰："臣闻王者立三公，法三光；立九卿以法天；明君臣之义，当得贤人。《易》曰'鼎折足，覆公𫗧'，喻三公非其人也。"

《论衡·卜筮篇》　鲁将伐越，筮之，得"鼎折足"。子贡占之，以为凶。何则？鼎而折足，行用足，故谓之凶。孔子占之，以为吉，曰："越人水居，行用舟，不用足，故谓之吉。"鲁伐越，果克之。

《潜夫论·三式篇》　《易》曰："鼎折足，覆公𫗧，其刑渥，凶。"此言公不胜任，则有渥刑也。

《后汉纪》三《光武纪·论》　世祖中兴，王道草昧，格天之功，实赖台辅。不徇选贤而信谶记之言，拔王梁于司空，委孙臧于上将，失其方矣。苟失其方，则任非其人，所以众心不悦，民有疑听，岂不宜乎？梁实负罪不暇，臧亦无所闻焉。《易》曰"鼎折足，覆公悚"，此之谓也。

震

《释名·释天》 卯于《易》为《震》，二月之时雷始震也。

震：亨，震来虩虩，笑言哑哑；震惊百里，不丧匕鬯。

《论衡·雷虚篇》 夫千里不同风，百里不共雷。《易》曰："震惊百里。"

《汉纪》二十八《哀帝纪·论》 州牧数变易，非典也。古者诸侯之国，百里而已。故《易》曰"震惊百里"，以象诸侯之国也。

《古文苑》郦炎《对事》 问者因又谓炎曰："古者圣人封建诸侯，皆云百里，取象于雷，雷何取也？"炎曰："《易》《震》为雷，亦为诸侯，雷震惊百里。"曰："何以知之？"炎曰："以其数知之。夫阳动为九，其数卅六，阴静为八，其数卅二。《震》，一阳动，二阴静，故曰百里。"

象曰：洊雷，震：君子以恐惧修省。

《中论·虚道篇》 昔卫武公年过九十，犹夙夜不怠，思闻训道，命其群臣曰："无谓我老耄而舍我，必朝夕交戒。"又作《抑》诗以自儆也。卫人诵其德，为赋《淇澳》，且曰睿圣。凡兴国之君，未有不然者也。故《易》曰："君子以恐惧修省。"

九四：震遂泥。

《汉书·五行志中》之上 京房《易传》曰："废正作淫大

不明，国多麋。"又曰："'震遂泥'，厥咎国多麋。"

艮

《释名·释天》　丑于《易》为《艮》。艮，限也。时未可听物生，限止之也。

彖曰：艮，止也。时止则止，时行则行；动静不失其时，其道光明。

《汉书·李寻传》　寻对问："夫以喜怒赏罚，而不顾时禁，虽有尧、舜之心，犹不能致和。善言天者，必有效于人。设上农夫而欲冬田，肉袒深耕，汗出种之，然犹不生者，非人心不至，天时不得也。《易》曰：'时止则止，时行则行，动静不失其时，其道光明。'《书》曰：'敬授民时。'故古之王者，尊天地，重阴阳，敬四时，严月令。顺之以善政，则和气可立致，犹枹鼓之相应也。"

九三：艮其限，列其夤，厉熏心。

《韩诗外传》卷二　孔子曰："口欲味，心欲佚，教之以仁。心欲安，身恶劳，教之以恭。好辩论而畏惧，教之以勇。目好色，耳好声，教之以义。《易》曰：'艮其限，列其夤，危薰心。'《诗》曰：'吁嗟，女兮！无与士耽。'皆防邪禁佚，调和心志。"

六五：艮其辅，言有序，悔亡。

《中论·贵言篇》　君子必贵其言，贵其言则尊其身，尊其身则重其道，重其道所以立其教。言费则身贱，身贱则道轻，道轻则教废。故君子非其人则弗与之言。若与之言，必以其方：农失则以稼穑，百工则以技巧，商贾则以贵贱，府史则以官守，大夫及士则以法制，儒生则以学业。故《易》曰"艮其辅，言有序"，不失事中之谓也。

渐

六二：鸿渐于磐。

《汉书·郊祀志》 见卷一"乾九五"条。

上九：鸿渐于陆，其羽可用为仪，吉。

《艺文类聚》五十七引班固《拟连珠》 臣闻鸾凤养六翮以凌云，帝王乘英雄以济民。《易》曰："鸿渐于陆，其羽可用为仪。"

归妹

《汉书·五行志中》之上 刘向说："雷以八月入，其卦曰《归妹》；言雷复归入地，则孕毓根核，保藏蛰虫，避盛阴之害。"

上六：女承筐，无实；士刲羊，无血。无攸利。

《左传》僖十五年 初，晋献公筮嫁伯姬于秦，遇《归妹》☳☱之《睽》☲☱。史苏占之，曰："不吉。其繇曰：'士刲羊，亦无衁也；女承筐，亦无贶也。西邻责言，不可偿也。《归妹》之《睽》，犹无相也。'《震》之《离》，亦《离》之《震》，为雷，为火，为嬴败姬。车说其輹，火焚其旗，不利行师，败于宗丘。《归妹》《睽》孤，寇张之弧，侄其从姑，六年其逋，逃归其国，而弃其家。明年，其死于高梁之虚。"及惠公在秦，曰："先君若从史苏之占，吾不及此夫！"韩简侍，曰："龟，象也；筮，数也。物生而后有象，象而后有滋，滋而后有数。先君之败德及，可数乎？史苏是占，勿从何益？"

丰

丰：亨，王假之，勿忧，宜日中。

《中论·爵禄篇》　故舜为匹夫，犹民也；及其受终于文祖，称曰"予一人"，则西王母来献白环。周公之为诸侯，犹臣也；及其践明堂之阼，负斧扆而立，则越裳氏来献白雉。故身不尊则施不光，居不高则化不博。《易》曰："《丰》，亨，无咎，王假之，勿忧，宜日中。"身尊居高之谓也。

日中则昃，月盈则食，天地盈虚，与时消息。

《列女传·仁智篇》　武王伐随，且行，告邓曼曰："余心荡，何也？"邓曼曰："王德薄而禄厚，施鲜而得多。物盛必衰，日中必移，盈而荡，天之道也。先王知之矣，故临武事，将发大命，而荡王心焉。若师徒毋亏，王薨于行，国之福也。"王遂行，卒于樠木之下。君子谓邓曼为知天道。《易》曰"日中则昃，月盈则亏，天地盈虚，与时消息"，此之谓也。

《说苑·敬慎篇》　见卷三"损卦"题下。

九三：丰其沛，日中见沫，折其右肱，无咎。

《汉书·五行志下》之下　刘歆说："《易》曰：'县象著明，莫大于日月。'是故圣人重之，载于三经。于《易》，在《丰》之《震》曰：'丰其沛，日中见昧，折其右肱，亡咎。'

于《诗·十月之交》，则著卿士、司徒，下至趣马、师氏，咸非其材。同于右肱之所折，协于三务之所择，明小人乘君子，阴侵阳之原也。"

又《王商传》 张匡上书云："太后前闻商有女，欲以备后宫，商言有固疾。后有耿定事，更诡道因李贵人家内女。执左道以乱政，诬罔，悖大臣节，故应是而日蚀。《周书》曰：'以左道事君者诛。'《易》曰：'日中见昧，则折其右肱。'"

树达按：《释文》云"沫，郑作昧"，与《汉书》所引合。《王莽传》云"乃者日中见昧"，亦作昧。

又《元后传》 王凤上疏："《五经》传记，师所诵说，咸以日蚀之咎在于大臣非其人。《易》曰：'折其右肱。'"

上六：丰其屋，蔀其家；窥其户，阒其无人；三岁不觌；凶。

《左传》宣六年 郑公子曼、满与王子伯廖语，欲为卿。伯廖告人曰："无德而贪，其在《周易·丰》☱之《离》☲，弗过之矣。"杜注：《丰》上六变为为纯《离》也。《周易》论变，故虽不筮，必以变言其议。《丰》上六曰："丰其屋，蔀其家；窥其户，阒其无人；三岁不觌；凶。"义取无德而大其屋，不过岁，必灭亡。间一岁，郑人杀之。

《新语·思务篇》 为善者寡，为恶者众。《易》曰："丰其屋，蔀其家；窥其户，阒其无人。"

《淮南子·泰族训》 故守不待渠堑而固，攻不待冲隆而拔，得贤之与失贤也。故臧武仲以其智存鲁，而天下莫能亡也；璩伯玉以其仁宁卫，而天下莫能危也。《易》曰："丰其屋，蔀其家；窥其户，阒其无人。"无人者，非无众庶也，言无圣人以统理之也。

《论衡·艺增篇》 《易》曰："丰其屋，蔀其家；窥其户，阒其无人也。"非其无人也。无贤人也。

《公羊传》庄四年何休《注》 有而无益于治曰无，犹易曰"阒其无人"。

《魏志·杨阜传》 阜上疏曰："高高在上，实监后德。慎守天位，以承祖考，巍巍大业，犹恐失之。不夙夜敬止，允恭恤民，而乃自暇自逸，惟宫台是侈是饰，必有颠覆危亡之祸。《易》曰：'丰其屋，蔀其家；窥其户，阒其无人。'王者以天下为家，言丰屋之祸，至于家无人也。"

旅

初六：旅琐琐，斯其所取灾。

《风俗通·怪神篇》 见卷二"否其亡其亡"条。

《汉纪》十六《昭帝纪·论》 荀悦曰："昌邑之废，岂不哀哉！《书》曰'殷王纣自绝于天'，《易》曰'斯其所取灾'，言自取之也。"

上九：鸟焚其巢，旅人先笑后号咷；丧牛于易，凶。

《汉书·五行志中》之下 成帝河平元年二月庚子，泰山山桑谷有鸒焚其巢。男子孙通等闻山中群鸟鸒鹊声，往视，见巢燃，尽堕地中，有三鸒鸒烧死。树大四围，巢去地五丈五尺。太守平以闻。鸒色黑，近黑祥，贪虐之类也。《易》曰："鸟焚其巢，旅人先笑后号咷。"泰山，岱宗，五岳之长，王者易姓告代之处也。天戒若曰：勿近贪弱之人，听其贼谋，将生焚巢自害其子绝世易姓之祸。其后赵飞燕得幸，立为皇后，弟为昭仪，姊妹专宠。闻后宫许美人、曹伟能生皇子也，昭仪大怒，令上夺取而杀之，皆并杀其母。成帝崩，昭仪自杀，事乃发觉，赵后坐诛。此焚巢杀子后号咷之应也。一曰：王莽贪虐而任社稷之重，卒成易姓之祸云。京房《易传》曰："人君暴虐，鸟焚其舍。"

又《外戚·孝成许皇后传》 五月庚子，鸟焚其巢太山之域。《易》曰："鸟焚其巢，旅人先笑后号咷；丧牛于易，凶。"言王者处民上，如鸟之处巢也；不顾恤百姓，百姓畔而去之，若鸟之自焚也；虽先快意说笑，其后必号而无及也；百姓丧其君，若牛亡其毛也，故称凶。泰山，王者易姓告代之处，今正于岱宗之山，甚可惧也。《汉纪》二十五《成帝纪》文同。

巽

上九：巽在床下，丧其资斧，贞，凶。

《汉书·王莽传》 司徒寻初发长安，宿霸昌厩，亡其黄钺。寻士房扬素狂直，乃哭曰："此经所谓丧其齐斧者也。"《后汉纪·光武纪》一文同。

树达按：资斧，子夏作齐斧，此与之合。

兑

《释名·释天》 酉于《易》为《兑》。兑，说也。物得备足，皆喜说也。

《魏志·管辂传》注引《辂别传》 辂又曰："兑为丧车。"

说以先民，民忘其劳；说以犯难，民忘其死。

《后汉书·宦者·吕强传》　强上疏云："夫天生蒸民，立君以牧之，君道得则民戴之如父母，仰之犹日月，虽时有征税，犹望其仁恩之惠。《易》曰：'悦以使民，民忘其劳；悦以犯难，民忘其死。'"

《魏志·王肃传》　肃上疏曰："言之前代，则武王伐纣，出关而复还；论之近事，则武文征权，临江而不济；岂非所为顺天知时，通于权变者哉？兆民知圣上以雨水艰剧之故，休而息之，后日有衅，乘而用之，则所谓'悦以犯难，民忘其死'者矣。"

象曰：丽泽，兑；君子以朋友讲习。

《蔡邕集·正交论》　闻之前训，曰"君子以朋友讲习"，而"正人无有淫朋"。是以古之交者，其义敦以正，其誓信以固。逮夫周德始衰，颂声既寝，《伐木》有"鸟鸣"之刺，《谷风》有"弃予"之怨，其所由来，政之缺也。

涣

六四：涣其群，元吉。

《吕氏春秋·恃君览·召类篇》　赵简子将袭卫，使史默往睹之，期以一月，六月而后反。赵简子曰："何其久也？"史墨曰："谋利而得害，犹弗察也。今蘧伯玉为相，史鰌佐焉，孔子为客，子贡使令于君前，甚听。《易》曰：'涣其群，元吉。'涣者，贤也；群者，众也；元者，吉之始也。涣其群元吉者，其佐多贤也。"赵简子按兵而不动。《说苑·奉使篇》，史默作史黯，余同。

九五：涣汗其大号。

《汉书·刘向传》 向上封事："《易》曰'涣汗其大号'，言号令如汗。汗，出而不反者也；今出善令，未能逾时而反，是反汗也。"

节

天地节而四时成。

《后汉书·荀爽传》 爽对策云："夫寒热晦明，所以为岁；尊卑奢俭，所以为礼；故以晦明寒暑之气，尊卑俭约之礼为其节也。《易》曰：'天地节而四时成。'"

树达按：爽著《易传》，见本传。

节以制度，不伤财，不害民。

《潜夫论·浮侈篇》 夫贫生于富，弱生于强，乱生于治，危生于安。是故明王之养民也，忧之劳之，教之诲之，慎微防萌，以断其邪。故《易》美"节以制度，不伤财，不害民"。《七月》之诗，大小教之，终而复始。由此观之，民固不可恣也。

《魏志·齐王芳纪》 见卷三"益象传"。

九五：甘节，吉，往有尚。

《吴志·虞翻传》 关羽既败，权使翻筮之，得《兑》下《坎》上，《节》，五爻变之《临》。翻曰："不出二日，必当断头。"果如翻言。权曰："卿不及伏羲，可与东方朔为比矣。"

中孚

中孚：豚鱼吉。

《新序·杂事篇》四　钟子期夜闻击磬声者而悲，旦，召问之，曰："何哉？子之击磬若此之悲也？"对曰："臣之父杀人而不得，臣之母得而为公家隶，臣得而为公家击磬。臣不睹臣之母，三年于此矣。昨日为舍市而睹之，意欲赎之，无财，身又公家之有也。是以悲也。"钟子期曰："悲在心也，非在手也，非木非石也；悲于心而木石应之，以至诚故也。"人君苟能至诚动于内，万民必应而感移。尧、舜之诚感于万国，动于天地，故荒外从风，凤麟翔舞，下及微物，咸得其所。《易》曰"中孚，豚鱼吉"，此之谓也。

豚鱼吉，信及豚鱼也。

《艺文类聚》九十九引王肃《贺瑞应表》　伏承祖庙文昭庙鱼生于鼎。臣闻《易·中孚》象曰"信及豚鱼"，言中和诚信之德下及豚鱼，则无所不及。

利涉大川，乘木舟虚也。

《后汉纪》二十《质帝纪》　是岁，梁冀第池中船无故自覆，冀以问掾朱穆。穆对曰："《易》称'利涉大川，乘木舟虚'，《灾异记》曰'利涉大川，济渡万民也'。舟船所以济渡万民不绝；游戏船覆者，天诚将军，以为有德宰相当济渡万民于难，不可长念乐身务游戏而已。"

象曰：泽上有风，中孚：君子以议狱缓死。

《后汉书·鲁恭传》　恭议奏曰："变改以来，年岁不熟，谷价常贵，人不宁安。小吏不与国同心者，率入十一月得死罪贼，不问曲直，便即格杀，虽有疑罪，不复谳正。一夫吁嗟，王道为亏，况于众乎？《易》，十一月，'君子以议狱缓死。'"

九二：鸣鹤在阴，其子和之。

《新书·春秋篇》 楚王欲淫，邹君乃遗之技乐美女四人。穆公朝观而夕毕，以妻死事之孤，故妇人年弗称者弗畜，节于身而弗众也。王舆不衣皮帛，御马不食禾菽，无淫僻之事，无骄燕之行，食不众味，衣不杂采，自刻以广民，亲贤以定国，亲民如子。邹国之治，路不拾遗，臣下顺从，若手之投心。是故以邹子之细，鲁、卫不敢轻，齐、楚不能胁。邹穆公死，邹之百姓若失慈父，行哭三月；四境之邻于邹者，士民乡方而道哭，抱手而忧行；酤家不售其酒，屠者罢列而归；傲童不讴歌，舂筑者不相杵；妇女扶珠瑱，丈夫释玦軒；琴瑟无音；期年而后始复。故爱出者爱反，福往者福来。《易》曰"鸣鹤在阴，其子和之"，其此之谓乎？

又《君道篇》 文王志之所在，意之所欲，百姓不爱其死，不惮其劳，从之如集。《诗》曰："经始灵台，庶民攻之，不日成之。经始勿亟，庶民子来。"文王有志为台，令匠规之，民闻之者褰裳而至，问业而作之，日日以众，故弗趋而疾，弗期而成。命其台曰"灵台"，命其囿曰"灵囿"，谓其沼曰"灵沼"，爱敬之至也。《诗》曰："王在灵囿，麀鹿攸伏，麀鹿濯濯，白鸟皜皜。王在灵沼，于牣鱼跃。"文王之泽，下被禽兽，洽于鱼鳖，咸若攸乐，而况士民乎？《诗》曰"恺悌君子，民之父母"，言圣王之德也。《易》曰"鹤鸣在阴，其子和之"，言士民之报也。

《淮南子·泰族训》 夫湿之至也，莫见其形，而炭已重矣；风之至也，莫见其象，而木已动矣；日之行也，不见其移，骐骥倍日而驰，草木为之靡，县烽未转，而日在其前。故天之且风，草木未动，而鸟已翔矣；其且雨也，阴曀未集，而鱼已噞矣；以阴阳之气相动也。故寒暑燥湿，以类相从；声响疾徐，以音相应也。故《易》曰："鸣鹤在阴，其子和之。"

小过

小过：亨，利贞。

《淮南子·氾论训》 故小谨者无成功，訾行者不容于众；体大者节疏，蹠距者举远。自古及今，五帝三王未有能全其行者也。故《易》曰"小过：亨，利贞"，言人莫不有过而不欲其大也。

既济

九三：高宗伐鬼方，三年而克之。

《汉书·严助传》 淮南王安上书云："《周易》曰：'高宗伐鬼方，三年而克之。'鬼方，小蛮夷；高宗，殷之盛天子也。以盛天子伐蛮夷，三年而后克，言用兵之不可不重也。"《汉纪》十《武帝纪》文略同。

树达按：《象传》云"三年克之，惫也"，即此说所本。

九五：东邻杀牛，不如西邻之禴祭，实受其福。

《礼记·坊记篇》 子云："敬则用祭器。"故君子不以菲废礼，不以美没礼。故食礼，主人亲馈，则客祭；主人不亲馈，则客不祭。故君子苟无礼，虽美不食焉。《易》曰："东邻杀牛，不如西邻之禴祭，实受其福。"

《盐铁论·孝养篇》 文学曰："故上孝养志，其次养色，其次养体。"贵礼不贪其养，礼顺心和，养虽不备可也。《易》曰："东邻杀牛，不如西邻之禴祭也。"

《说苑·反质篇》 凡古之卜日者，将以辅道稽疑，示有所先而不敢自专也，非欲以颠倒之恶而幸安之全。孔子曰："非其鬼而祭之，谄也。"是以泰山终不享季氏之旅。《易》称"东邻杀牛，不如西邻之禴祭"，盖重礼不贵牲也。

《汉书·郊祀志下》 杜邺说王商曰："东邻杀牛，不如西邻之禴祭。"言奉天之道，贵以诚质大得民心也。行秽祀丰，犹不蒙祐；德修荐薄，吉必大来。

《论衡·祀义篇》 难曰："《易》曰：'东邻杀牛，不如西邻之礿祭。'夫言东邻不若西邻，言东邻牲大福少，西邻祭少福多也。今言鬼不享，何以知其福有多少也？"曰："此亦谓修具谨洁与不谨洁也。纣杀牛祭，不致其礼；文王礿祭，竭尽其敬。夫礼不致则人非之，礼敬尽则人是之。是之则举事多助，非之则言行见畔。见畔若祭不见享之祸；多助若祭见歆之福。非鬼为祭祀之故有喜怒也。"

未济

未济：亨。小狐汔济，濡其尾。

《战国策·秦策》 黄歇说顷襄王云："《易》曰：'狐濡其尾。'此言始之易终之难也。何以知其然也？智氏见伐赵之利而不知榆次之祸也；吴见伐齐之便而不知干隧之败也。此二国者,非无大功也,没利于前而易患于后也。"《史记·春申君传》、《新序·善谋》上篇文同。

《韩诗外传》卷八 官怠于有成,病加于小愈,祸生于懈惰,孝衰于妻子。察此四者,慎终如始。《易》曰:"小狐汔济,濡其尾。"

上九:有孚于饮酒,无咎,濡其首,有孚失是。

《汉书·谷永传》 永对问云:"臣闻三代所以陨社稷丧宗庙者,皆由妇人与群恶沉湎于酒。《易》曰:'濡其首,有孚失是。'秦所以二世十六年而亡者,养生泰奢,奉终太厚也。"

树达按:《永传》云:永于天官、《京氏易》最密。

周易古义卷五

系辞上传

天尊地卑，乾坤定矣；卑高以陈，贵贱位矣；动静有常，刚柔断矣。

《后汉书·周举传》 举对问曰："臣闻：《易》称'天尊地卑，乾坤定矣'。二仪交构，乃生万物；万物之中，以人为贵。故圣人养之以君，成之以化，顺四时之宜，适阴阳之和，使男女婚娶不过其时。包之以仁恩，导之以德教，示之以灾异，训之以嘉祥。此先圣承乾养物之始也。"

又《荀爽传》 爽对策曰："臣闻：'有夫妇然后有父子，有父子然后有君臣，有君臣然后有上下，有上下然后有礼义。礼义备，则人知所厝矣。'夫妇，人伦之始，王化之端。故文王作《易》，上经首《乾》《坤》，下经首《咸》《恒》。孔子曰：'天尊地卑，乾坤定矣。'夫妇之道，所谓顺也。今汉承秦法，设尚主之仪，以妻制夫，以卑临尊，违乾坤之道，失阳唱之义。"《后汉纪》二十二《桓帝纪》文同。

《周易正义》引郑玄《六艺论》 《易》之为名也，一言而函三义：易简，一也；变易，二也；不易，三也。故《系辞》云："《乾》《坤》其《易》之蕴邪！"又云："《易》之门户邪！"又云："夫《乾》，确然示人易矣；夫《坤》，隤然示人简矣。易则易知，简则易从。"此言其易简之法则也。义云："其为道也屡迁，变动不居，周流六虚，上下无常，刚柔相易，不可以为典要，唯变所适。"此则言其顺时变易出入移动者也。又云："天尊地卑，乾坤定矣；卑高以陈，贵贱位矣；动静有常，刚柔断矣。"此则言其张设布列不易者也。据兹三义之说，《易》之道广矣大矣。

方以类聚，物以群分。

《汉书·郊祀志》 王莽奏云："《易》曰：'方以类聚，物以群分。'分群神以类相从为五部兆。"

在天成象，在地成形，变化见矣。

《汉书·律历志》 见卷七说卦"是以立天之道"条下。

鼓之以雷霆。

《风俗通·声音篇》 《易》称"鼓之以雷霆"，圣人则之，不知谁所作也？鼓者，郭也，春分之音也。万物郭皮甲而出，故谓之鼓。

乾知大始，坤作成物。

《汉书·律历志》 见卷七"说卦是以立天之道"条下。

易则易知，简则易从。易知则有亲，易从则有功。有亲则可久，有功则可大。可久则贤人之德，可大则贤人之业。易简而天下之理得矣。

《韩诗外传》卷三　《传》曰："昔者，舜甑盆无膻，而下不以余获罪；饭乎土簋，啜乎土型，而农不以力获罪；麂衣而鳌领，而女不以巧获罪；法下易由，事寡易为功，而民不以政获罪。"故大道多容，大德众下，圣人寡为，故用物常壮也。《传》曰："易简而天下之理得矣。"

《后汉书·郎颛传》　颛对问云："王者之法，譬犹江河，当使易避而难犯也。故《易》曰：'易则易知，简则易从。''易简而天下之理得矣。'"

《周易正义》引郑玄《六艺论》　见本卷上文"天尊地卑"条。

《魏志·崔林传》　散骑常侍刘劭作《考课论》，制下百僚。林议曰："案《周官》考课，其文备矣。自康王以下，遂以陵迟。此即考课之法存乎其人也。及汉之季，其失岂在乎佐吏之职不密哉？方今军旅，或猥或卒，备之以科条，申之以内外，增减无常，固难一矣。且万目不张举其纲，众毛不整振其领。皋陶仕虞，伊尹臣殷，不仁者远。五帝、三王未必如一，而各以治乱。《易》曰：'易简而天下之理得矣。'"

仰以观于天文，俯以察于地理，是故知幽明之故。

《说苑·辨物篇》　孔子曰："《易》曰：'仰以观于天文，俯以察于地理，是故知幽明之故。'夫天文地理人情之效存于心，则圣智之府。是故古者圣王既临天下，必变四时，定律历，考天文，揆时变，登灵台以望气氛。"

一阴一阳之谓道。

《说苑·辨物篇》　孔子曰："夫占变之道，二而已矣。二者，阴阳之数也。故《易》曰：'一阴一阳之谓道。'道也者，物之道莫不由道也。是故发于一，成于二，备于三，周于四，行于五。是故'悬象著明，莫大于日月'，察变之动，莫著于五星。"

显诸仁，藏诸用。

《汉书·翼奉传》 奉上封事云："参之六合五行，则可以见人性，知人情。难用外察，从中甚明。故《诗》之为学，性情而已。五性不相害，六情更兴废。观性以历，观情以律，明主所宜独用，难与二人共也。故曰：'显诸仁，藏诸用。'露之则不神，独行则自然矣。"

富有之谓大业。

《后汉书·张衡传》 衡作《应间》云："且学非以要利，而富贵萃之。贵以行令，富以施惠，惠施令行，故《易》称以'大业'。"

《中论·艺纪篇》 美育群材，其犹人之于艺乎！既修其质，且加其文。质著然后体全，体全然后可登乎清庙而可羞乎王公。故君子非仁不立，非义不行，非艺不治，非容不庄。四者无愆，而圣贤之器就矣。《易》曰"富有之谓大业"，其斯之谓欤？

日新之谓盛德，生生之谓易。

《汉书·王莽传》 莽下书曰："《紫阁图》曰：'太一、黄帝皆倦上天，张乐昆仑虔山之上。后世圣主得瑞者，当张乐秦终南山之上。'予之不敏，奉行未明，乃今谕矣。复以宁始将军为更始将军，以顺符命。《易》不云乎？'日新之谓盛德，生生之谓易。'"

《中论·修本篇》 君子之于己也，无事而不惧焉。我之有善，惧人之未吾好也；我之有不善，惧人之必吾恶也；见人之善，惧我之不能修也；见人之不善，惧我之必若彼也。故其向道，止则隅坐，行则骖乘，上悬乎冠绥，下系乎带佩，昼也与之游，夜也与之息。此《盘铭》之谓"日新"。《易》曰："日新之谓盛德。"

圣人有以见天下之赜而拟诸其形容，象其物宜，是故谓之象。

《潜夫论·相列篇》　见卷六下系"古者包牺氏之王天下也"条。

言天下之至赜而不可恶也，言天下之至动而不可乱也。

刘歆《上山海经表》　禹别九州，任土作贡，而益等类物善恶，著《山海经》，皆贤圣之遗事，古文之著明者也。其事质明有信。孝武皇帝时，尝有献异鸟者，食之百物，所不肯食。东方朔见之，言其鸟名，又言其所当食，如朔言。问朔何以知之，即《山海经》所出也。孝宣皇帝时，击磻石于上郡陷得石室。其中有反缚盗械人。时臣秀父向为谏议大夫，言此贰负之臣也。诏问何以知之，亦以《山海经》对。其文曰："贰负杀窫窳，帝乃梏之疏属之山，桎其右足，反缚两手。"上大惊，朝士由是多奇《山海经》者。文学大儒皆读学，以为奇，可以考祯祥变怪之物，见远国异人之谣俗。故《易》曰："言天下之至赜而不可乱也。"

鸣鹤在阴，其子和之；我有好爵，吾与尔靡之。子曰：君子居其室，出其言善，则千里之外应之，况其迩者乎？居其室，出其言不善，则千里之外违之，况其迩者乎？言出乎身，加乎民；行发乎迩，见乎远。

言行，君子之枢机；枢机之发，荣辱之主也。言行，君子之所以动天地也。可不慎乎！

《说苑·君道篇》 陈灵公行僻而言失。泄冶曰："陈其亡矣。吾骤谏，君不吾听而愈失威仪。夫上之化下，犹风靡草：东风则草靡而西，西风则草靡而东，在风所由，而草为之靡。是故人君之动，不可不慎也。夫树曲木者，恶得直景？人君不直其行，不敬其言者，未有能保帝王之号，垂显令之名者也。《易》曰：'夫君子居其室，出其言善，则千里之外应之，况其迩者乎？居其室，出其言不善，则千里之外违之，况其迩者乎？言出于身，加乎民；行发乎迩，见乎远。言行，君子之枢机；枢机之发，荣辱之主，君子之所以动天地。可不慎乎！'天地动而万物变化。《诗》曰'慎尔出话，敬尔威仪，无不柔嘉'，此之谓也。今君不是之慎而纵恣焉，不亡，必弑。"灵公闻之，以泄冶为妖言而杀之。后果弑于徵舒。

《汉书·五行志》 《传》曰："言之不从，是谓不乂。""言之不从"，从，顺也。"是谓不乂"，乂，治也。孔子曰："君子居其室，出其言不善，则千里之外违之，况其迩者乎？"《诗》云："如蜩如螗，如沸如羹。"言上号令不顺民心，虚哗愦乱，则不能治海内。

《群书治要》引桓谭《新论》 夫言行在于美善，不在于众多。出一美言美行而天下从之，或见一恶意丑事而万民违之，可不慎乎？故《易》曰："言行，君子之枢机；枢机之发，荣辱之主，所以动天地者也。"

《群书治要》引崔寔《政论》 《易》曰："言行，君子所以动天下也。"仲尼曰："人而无信，不知其可。"今官之接民，甚多违理，苟解面前，不顾先哲。作使百工，及从民市，辄设计加以诱来之；器成之后，更不与直。老弱冻饿，痛号道路；守关告哀，终不见省。历年累岁，乃才给之。

《潜夫论·本训篇》 见卷一"乾象传时乘六龙以御天"条。

《魏志·钟会传》注引《会母传》 每读《易》孔子说"鸣鹤在阴"、"劳谦君子"、"藉用白茅"、"不出户庭"之义，每使会反复读之，曰："《易》三百余爻，仲尼特说此者，以谦恭慎密，枢机之发，行己至要，荣身所由故也。顺斯术以往，足为君子矣。"

子曰：君子之道，或出或处，或默或语。

《汉书·王吉等传·赞》 《易》称"君子之道，或出或处，或默或语"，言其各得道之一节，譬诸草木，区以别矣。故曰：山林之士，往而不能反；朝廷之士，入而不能出，二者各有所短。

《后汉书·郎颛传》 颛对问云："今去奢即俭，以先天下，改易名号，随事称谓。《易》曰：'君子之道，或出或处，同归殊途，一致百虑。'是知变常而善，可以除灾；变常而恶，必致于异。"

又《周燮等传·序》 《易》曰："君子之道，或出或处，或默或语。"孔子称蘧伯玉"邦有道则仕，邦无道则可卷而怀也"。然用舍之端，君子之所以存其诚也。故其行也，则濡足蒙垢，出身以效时；及其止也，则穷栖茹菽，臧宝以迷国。

《风俗通·十反篇》 《易》称"君子之道，或出或处，或默或语"，《传》曰"朝廷之人，入而不能出；山林之士，往而不能返"，言各有长也。

二人同心，其利断金。同心之言，其臭如兰。

《新语·辨惑篇》 至于秦二世之时，赵高驾鹿而从行。王曰："丞相何为驾鹿？"高曰："马也。"王曰："丞相误也，以鹿为马。"高曰："陛下以臣言不然，愿问群臣。"臣半言鹿，半言马。当此之时，秦王不能自信其目，而从邪臣之说。夫马鹿之异形，众人所知也，然不能分别是非也，况于闇昧之事乎？《易》曰："二人同心，其利断金。"群党合意以倾一君，孰不移哉？

《说苑·敬慎篇》 桓公曰："金刚则折，革刚则裂；人君刚则国家灭，人臣刚则交友绝。"夫刚则不和，不和则不可用。是故四马不和，取道不长；父子不和，其世破亡；兄弟不和，不能久同；夫妻不和，室家大凶。《易》曰："二人同心，其利断金。"由不刚也。

《后汉书·列女·曹世叔妻传》 班昭作《女诫》云："是故室人和则谤掩，外内离则恶扬，此必然之势也。《易》曰'二人同心，其利断金。同心之言，其臭如兰'，此之谓也。"

初六，藉用白茅，无咎。子曰：苟错诸地而可矣，藉之用茅，何咎之有？慎之至也。夫茅之为物薄而用可重也。慎斯术也以往，其无所失矣。

《魏志·钟会传》注引《会母传》 见本卷上文"鸣鹤在阴"条。

劳谦，君子有终，吉。子曰：劳而不伐，有功而不德，厚之至也。

《说苑·复恩篇》 夫施德者贵不德，受恩者尚必报。是故臣劳勤以为君而不求其赏，君持施以牧下而无所德。故《易》曰："劳而不怨，有功而不德，厚之至也。"

《魏志·钟会传》注引《会母传》　见本卷上文"鸣鹤在阴"条。

德言盛，礼言恭，

《吴志·吕岱传》　张承与岱书曰："昔旦、奭翼周，《二南》作歌，今则足下与陆子也。忠勤相先，劳谦相让，功以权成，化与道合。君子叹其德，小人悦其美。加以文书鞅掌，宾客终日，罢不舍事，劳不言倦。又知上马辄自超乘，不由跨蹑，如此足下过廉颇也，何其事事快也。《周易》有之：'礼言恭，德言盛。'足下何有尽此美耶！"

谦也者，致恭以存其位者也。

《说苑·敬慎篇》　见卷三"损卦"题下。

不出户庭，无咎。子曰：乱之所生也，则言语以为阶。

《潜夫论·断讼篇》　今一岁断狱，虽以万计，然辞讼之辩，斗贼之发，乡部之治，狱官之治者，其状一也。本皆起民不诚信而数相欺绐也。舜敕龙以谗说殄行震惊朕师，乃自上古患之矣。故先慎己喉舌，以玄示民。孔子曰："乱之所生也，则言语以为阶。"

《魏志·钟会传》注引《会母传》　见上文"鸣鹤在阴"条。

君不密则失臣，臣不密则失身，几事不密则害成。

《汉书·刘向传》　向上封事云："如不行此策，田氏复见于今，六卿必起于汉，为后嗣忧，昭昭甚明，不可不深图，不可不早虑。《易》曰：'君不密则失臣，臣不密则失身，几事不密则害成。'"

又《师丹传》 又丹使吏书奏,吏私写其草。丁、傅子弟闻之,使人上书告丹上封,事行道人遍持其书。上以问将军中朝臣,皆对曰:"忠臣不显谏,大臣奏事不宜漏泄,令吏民传写流闻四方。'臣不密则失身',宜下廷尉治。"

《群书治要》引杜恕《体论君篇》 夫徇名好术之主,又有惑焉。皆曰:"为君之道,凡事当密。人主苟密,则群臣无所容其巧,而不敢怠于职。"此即赵高之教二世不当听朝之类也;是好乘高履危而笑先僵者也。《易》曰:"机事不密则害成。"《易》称"机事",不谓凡事也;不谓宜共而独之也,不谓释公而行私也。

《易》曰:"负且乘,致寇至。"负也者,小人之事也;乘也者,君子之器也。小人而乘君子之器,盗思夺之矣。

《汉书·董仲舒传》 仲舒对策云:"夫皇皇求财利,常恐乏匮者,庶人之意也;皇皇求仁义,常恐不能化民者,大夫之意也。《易》曰:'负且乘,致寇至。'乘车者,君子之位也;负担者,小人之事也。此言居君子之位而为庶人之行者,其患祸必至也。"《汉纪》十一《武帝纪》略同。

《续汉书·舆服志》 自是诸侯宫县乐食,祭以白牡,击玉磬,朱干设锡,冕而儛大武;大夫台门,旅树反坫,绣黼丹朱中衣,缕簋朱纮,此大夫之僭诸侯礼也。《诗》刺"彼己之子,不称其服",伤其败化。《易》讥"负且乘,致寇至",言"小人乘君子器,盗思夺之矣"。

大衍之数五十,其用四十有九。分而为二以象两,挂一以象三,揲之以四以象四时,归奇于扐以象闰。

五岁再闰，故再扐而后挂。天数五，地数五，五位相得而各有合。天数二十有五，地数三十，凡天地之数五十有五。此所以成变化而行鬼神也。

《汉书·律历志上》 经元一以统始，《易》太极之首也。春秋二以目岁，《易》两仪之中也。于春每月书王，《易》三极之统也。于四时虽亡事必书时月，《易》四象之节也。时月以建分至启闭之分，《易》八卦之位也。象事成败，《易》吉凶之效也。朝聘会盟，《易》大业之本也。故《易》与《春秋》，天人之道也。《传》曰："龟，象也。筮，数也。物生而后有象，象而后有滋，滋而后有数。"是故元始有象，一也；春秋，二也；三统，三也；四时，四也。合而为十，成五体。以五乘十，大衍之数也，而道据其一，其余四十九，所当用也，故著以为数。以象两两之，又以象三三之，又以象四四之，又归奇象闰十九及所据一加之，因以再扐两之，是为月法之实。如日法得一，则一月之日数也，而三辰之会交矣，是以能生吉凶。故《易》曰："天一，地二，天三，地四，天五，地六，天七，地八，天九，地十。天数五，地数五，五位相得而各有合。天数二十有五，地数三十，凡天地之数五十有五。此所以成变化而行鬼神也。"并终数为十九，《易》穷则变，故为闰法。参天九，两地十，是为会数。参天数二十五，两地数三十，是为朔望之会。以会数乘之，则周于朔旦冬至，是为会月。九会而复元，黄钟初九之数也。

《论衡·卜筮篇》 天道称自然无为。今人问天地，天地报应，是自然之有为以应人也。案：易之文，观揲蓍之法，二分以象天地，四揲以象四时，归奇于扐以象闰月，以象类相法以立挂数耳。岂云天地合报人哉？

易有圣人之道四焉：以言者尚其辞，以动者尚其变，以制器者尚其象，以卜筮者尚其占。

《后汉书·方术传·序》　仲尼称"《易》有君子之道四焉"，曰"卜筮者尚其占"。占也者，先王所以定祸福，决嫌疑，幽赞于神明，遂知来物者也。若夫阴阳推步之学，往往见于坟记矣。

是以君子将有为也，将有行也，问事而以言，其受命也如向。无有远近幽深，遂知来物。非天下之至精，其孰能与于此？

《汉书·艺文志》　见本卷后文"探赜索隐"条。

《潜夫论·卜列篇》　见本卷后文"是故蓍之德圆而神"条。

《魏志·文帝纪》注引《献帝传》　桓阶等奏曰："周武中流，有白鱼之应，不待师期而大号已建；舜受大麓，桑荫未移而已陟帝位：皆所以祗承天命若此之速也。故无固让之义，不以守节为贵，必道信于神灵，符合于天地而已。《易》曰：'其受命如向，无有远近幽深，遂知来物。非天下之至精，其孰能与于此？'"

参伍以变，错综其数。通其变，遂成天下之文；极其数，遂定天下之象。

《汉书·律历志上》　三微之统既著，而五行自青始，其序亦如之。五行与三统相错。《传》曰"天有三辰，地有五行"，然则三统五星可知也。《易》曰："参伍以变，错综其数。通其变，遂成天下之文；极其数，遂定天下之象。"太极运三辰五星于上，而元气转三统五行于下。其于人，皇极统三德五事。

天一，地二，天三，地四，天五，地六，天七，地八，天九，地十。

《汉书·律历志》 见本卷上文"大衍之数五十"条。

是故圣人以通天下之志，以定天下之业，以断天下之疑。

《魏志·文帝纪》注引《献帝传》 刘广等奏曰："臣等闻圣帝不违时，明主不逆人，故《易》称'通天下之志，断天下之疑'。"

是故蓍之德圆而神，卦之德方以智。

《潜夫论·卜列篇》 天地开辟有神民；民神异业精气通。行有招召，命有遭随，吉凶之期，天难谌斯。圣贤虽察不自专，故立卜筮以质神灵。孔子称"蓍之德圆而神，卦之德方以智"，又曰"君子将有行也，问焉而以言，其受命而向"。是以禹之得皋陶，文王之取吕尚，皆兆告其象，卜底其思，以成其吉。

县象著明，莫大乎日月。

《汉书·五行志下》之下 夫大人者，与天地合其德，与日月合其明，故圣王在上，总命群贤，以亮天功，则日之光明，五色备具，烛耀亡主；有主则为异，应行而变也。色不虚改，形不虚毁，观日之五变，足以监矣。故曰"县象著明，莫大乎日月"，此之谓也。

又 见卷四"丰九三"条。

又《李寻传》 寻对问："《易》曰：'县象著明，莫大乎日月。'夫日者，众阳之长，辉光所烛，万里同晷，人君之表也。故曰将旦，清风发，群阴伏，君以临朝，不牵于色。日初出，炎以阳；君登朝，佞不行，忠直进，不蔽障。日中辉光，君德盛明，大臣奉公。日将入，专以一；君就房，有常节。君不修道，则日失其度，晻昧亡光。各有云为。其于东方作，日初出时，阴雪邪气起者，法为牵于女谒，有所畏难；日出后，为近臣乱政；日中，为大臣欺诬；日且入，为妻妾役使所营。日失其光，则星辰放流。阳不能制阴，阴桀得作。臣闻月者，众阴之长，销息见伏，百里为品，千里立表，万里连纪，妃后大臣诸侯之象也。朔晦正终始，弦为绳墨，望成君德，春夏南，秋冬北。"

《白虎通·日月篇》　日月所以悬昼夜者何？助天行化，照明下地。故《易》曰："悬象著明，莫大乎日月。"

《风俗通·穷通篇》　《易》称"悬象著明，莫大乎日月"，然时有昏晦。《诗》美"滔滔江汉，南国之纪"，然时有壅滞。《论语》固天纵之，莫盛于圣，然时有困否。日月不失其体，故蔽而复明；江、汉不失其源，故穷而复通；圣人不失其德，故废而复兴。

备物致用，立成器以为天下利，莫大乎圣人。

《汉书·货殖传》　见卷二"泰大象"条。

《后汉书·崔骃传》　骃作《达旨》云："或说己曰：《易》称'备物致用'，'可观而有所合'，故能扶阳以出，顺阴而入，春发其华，秋收其实，有始有极，爰登其质。"

探赜索隐，钩深致远，以定天下之吉凶，成天下之亹亹者，莫大乎蓍龟。

《汉书·艺文志》　蓍龟者，圣人之所用也。《书》曰："女则有大疑,谋及卜筮。"《易》曰:"定天下之吉凶,成天下之亹亹者,莫善于蓍龟。""是故君子将有为也,将有行也,问焉而以言,其受命也如向,无有远近幽深,遂知来物。非天下之至精,其孰能与于此!"及至衰世,解于斋戒,而娄烦卜筮,神明不应。故筮渎不告,《易》以为忌;龟厌不告,《诗》以为刺。

《白虎通·蓍龟篇》 天子下至士皆有蓍龟者,垂事决疑,亦不自专。《尚书》曰:"汝则有大疑,谋及卿士,谋及庶人,谋及卜筮。""定天下之吉凶,成天下之亹亹者,莫善乎蓍龟。"

天垂象,见吉凶,圣人象之;河出图,洛出书,圣人则之。

《新书·明诫篇》 圣人承天之明,正日月之行,录星辰之度,因天地之利,等高下之宜,设山川之便,平四海,分九州,同好恶,一风俗。《易》曰:"天垂象,见吉凶,圣人则之。"

《说苑·辨物篇》 《易》曰:"天垂象,见吉凶,圣人则之。"昔者高宗成王感于雊雉暴风之变,修身自改,而享丰昌之福也。逮秦皇帝即位,彗星四见,蝗虫蔽天,冬雷夏冻,石陨东郡,大人出临洮,妖孽并见,荧惑守心,星茀太角,太角以亡,终不能改。二世立,又重其恶。天变动于上,群臣昏于朝,百姓乱于下,遂不察,是以亡也。

《汉书·五行志上》 《易》曰:"天垂象,见吉凶,圣人象之;河出图,洛出书,圣人则之。"刘歆以为虙羲氏继天而王,受《河图》,则而画之,八卦是也;禹治洪水,赐《洛书》,法而陈之,《洪范》是也。

又《艺文志》 《易》曰:"河出图,洛出书,圣人则之。"

故书之所起远矣。至孔子纂焉，上断于尧，下讫于秦，凡百篇，以为之序，言其作意。

《后汉书·郎𫖮传》 𫖮条便宜云："去年八月二十四日戊辰，荧惑历舆鬼，东入轩辕，出后星北，东去四度，北旋复还。轩辕者，后宫也；荧惑者，至阳之精也，天之使也；而出入轩辕，绕还往来。《易》曰：'天垂象，见吉凶。'其意昭然可见矣。"

又《杨赐传》 赐书对问曰："方今内多嬖幸，外任小臣，上下并怨，喧哗盈路，是以灾异屡见，前后丁宁。今复投蜺，可谓孰矣。案《春秋谶》曰：'天投蜺，天下怨，海内乱。'加四百之期，亦复垂及。昔虹贯牛山，管仲谏桓公毋近妃宫。《易》曰：'天垂象，见吉凶，圣人则之。'"

又《宦者传》 《易》曰："天垂象，圣人则之。"宦者四星在皇位之侧，故《周礼》置官，亦备其数。

《续汉书·天文志上》 见卷六下系"古者包牺氏之王天下也"条。

《后汉纪》十《明帝纪》 本志称"昔庖牺氏之王天下，仰则观象于天，俯则观法于地"，然则天地设位而星辰运度备矣。《易》曰："天垂象，圣人则之。"星官之书，始自黄帝。至高阳氏使南正重司天，北正黎司地。唐虞之时，则羲、和氏掌焉。夏有昆吾，殷有巫咸，周有史佚，皆职典预睹成败以佐时政者也。

又十五《殇帝纪》 诏曰："《易》称'天垂象，圣人则之'，又云：'圣人之情见于辞。'然则文章之作，将以幽赞神明，变畅万物。"

《风俗通·十反篇》 周举为朱伾创草曰："臣闻：《易》曰

'天垂象，见吉凶'，'观乎天文以察时变'。臣窃见九月庚辰，今月丙辰，过荧惑于东井辟金，光辉合并，移时乃出。夫月者太阴，荧惑火星，不宜相干。臣闻圣德之主不能无异，但当变改，有以供御。孔子曰：'虽明天子，荧惑，必谋祸福之征，慎察用之。'"

又《山泽篇》 河出敦煌塞外昆仑山，发源注海。《易》："河出图，圣人则之。"

《魏志·文帝纪》注引《献帝传》 见卷二"贲彖传观乎天文以察时变"条。

《艺文类聚》五十一引魏文帝《册孙登文》 盖河、洛写天意，符谶述圣心，昭晰著明，与天谈也。故《易》曰："河出图，洛出书，圣人则之。"

易曰：自天祐之，吉无不利。天之所助者，顺也；人之所助者，信也。履信思乎顺，又以尚贤也。是以自天祐之，吉无不利也。

《汉书·武五子传·赞》 是以仓颉作书，"止""戈"为"武"。圣人以武禁暴整乱，止息干戈，非以为残而兴纵之也。《易》曰："天之所助者，顺也；人之所助者，信也。君子履信思顺，自天祐之，吉无不利也。"故车千秋指明蛊情，章太子之冤，千秋材知未必能过人也，以其销恶运，遏乱原，因衰激极，道迎善气，传得天人之祐助云。

《潜夫论·慎微篇》 德輶如毛，为仁由己。莫与并螽，自求辛螫。祸福无门，惟人所召。"天之所助者，顺也；人之所尚者，信也。履信思乎顺，又以尚贤，是以吉无不利也。"亮哉斯言，可无思乎！

又《巫列篇》　尝观上记，人君身修正、赏罚明者，国治而民安；民安乐者，天悦喜而增历数。故《书》曰："王以小民，受天永命。"孔子曰："天之所助者，顺也；人之所助者，信也。履信思乎顺，又以尚贤，是以自天祐之，吉无不利。"此最却凶灾而致福善之本也。

《后汉书·杜林传·论》　夫威强以自御，力损则身危；饰诈以图己，诈穷则道屈。而忠信笃敬，蛮貊行事者，诚以德之感物厚矣。故赵孟怀忠，匹夫成其仁；杜林行义，烈士假其命。《易》曰"人之所助者顺"，有不诬矣。

《后汉纪》二十一《桓帝纪·论》　袁宏曰："寇荣之心，良可哀矣。然终至灭亡者，岂非命也哉！性命之致，古人岂肯明之，其可略言乎？《易》称'天之所助者顺，人之所助者信'，然则顺之与信，其天人之道乎？得失存亡，斯亦性命之极。夫向之则吉，背之则凶，顺之至也；推诚则通，易虑则塞，信之极也。故顺之与信，存乎一己者也；而吉凶通塞，自外而入。岂非性命之理致之由己者乎？"

子曰：书不尽言，言不尽意。

《汉书·刘向传》　向上奏云："今日食尤屡，星孛东井，摄提炎及紫宫，有识长老莫不震动，此变之大者也。其事难一二记，故《易》曰'书不尽言，言不尽意'，是以说卦指爻，而复说义。"

《申鉴·杂言下篇》　见卷一"乾象乾道变化"条。

《魏志·管辂传》注引《辂别传》　辂言："夫物不精不为神，数不妙不为术，故精者神之所合，妙者智之所遇，合之几微，可以性通，难以言论。是故鲁班不能说其手，离朱不能说其目，非言之难，孔子曰'书不尽言'，言之细也，'言不尽意',意之微也,斯皆神妙之谓也。"

乾坤其易之缊邪!

《周易正义》引郑玄《六艺论》 见前"天尊地卑"条。

易不可见,则乾坤或几乎息矣。

《汉书·艺文志》 六艺之文:《乐》以和神,仁之表也;《诗》以正言,义之用也;《礼》以明体,明者著见,故无训也;《书》以广听,知之术也;《春秋》以断事,信之符也。五者,盖五常之道,相须而备,而《易》为之原。故曰"《易》不可见,则乾坤或几乎息矣",言与天地为终始也。至于五学,世有变改,犹五行之更用事焉。

周易古义卷六

系辞下传

天下之动,贞夫一者也。

《后汉书·范升传》 升上奏云:"天下之事所以异者,以不一本也。《易》曰:'天下之动,贞夫一也。'"

夫乾,确然示人易矣;夫坤,隤然示人简矣。

《周易正义》引郑玄《六艺论》 见卷五"天尊地卑"条。

圣人之情见乎辞。

《论衡·佚文篇》 孝武之时,诏百官对策,董仲舒策文最善。王莽时,使郎吏上奏,刘子骏章尤美。美善不空,才高知深之验也。《易》曰:"圣人之情见于辞。"文辞美恶,足以观才。

又《书解篇》 或曰:士之论高,何必以文?答曰:夫人有文,质乃成。物有华而不实,有实而不华者。《易》曰:"圣人之情见乎辞。"出口为言，集札为文，文辞施设，实情敷烈。

《申鉴·杂言下篇》 见卷一"乾卦乾道变化"条。

《后汉纪》十五《殇帝纪》 见卷五"系辞上天垂象"条。

天地之大德曰生，圣人之大宝曰位。何以守位？曰仁；何以聚人？曰财。

《汉书·食货志》 禹平洪水，定九州，制土田，各因所生远近赋入贡棐，楙迁有无，万国作乂。殷、周之盛，《诗》、《书》所述，要在安民富而教之。故《易》称"天地之大德曰生，圣人之大宝曰位。何以守位？曰仁；何以聚人？曰财"。

《后汉书·蔡邕传》 邕作《释诲》云："盖闻'圣人之大宝曰位'，故以仁守位，以财聚人。然则有位斯贵，有财斯富，行义达道，士之司也。故伊挚有负鼎之衒，仲尼设执鞭之言，宁子有清商之歌，百里有豢牛之事。夫如是，则圣哲之通趣，古人之明志也。"

《魏志·高堂隆传》 隆上疏切谏曰："盖'天地之大德曰生，圣人之大宝曰位。何以守位？曰仁；何以聚人？曰财。'然则士民者，乃国家之镇也；谷帛者，乃士民之命也。谷帛非造化不育，非人力不成。是以帝耕以劝农，后桑以成服，所以昭事上帝，告虔报施也。"

《群书治要》引陆景《典语》 爵禄赏罚，人主之威柄，帝王之所以为尊者也。故爵禄不可不重。重之则居之者贵，轻之则处之者贱。居之者贵，则君子慕义；取之者贱，则小人觊觎。君子慕义，治道之兆；小人觊觎，乱政之渐也。《易》曰："圣人之大宝曰位。何以守位？曰仁。"故先王重于爵位，慎于官人。

理财正辞，禁民为非曰义。

《汉书·食货志》 国师公刘歆言："周有泉府之官，收不雠，与欲得，即《易》所谓'理财正辞，禁民为非'者也。"

《后汉书·梁统传》 统上疏云："臣闻立君之道，仁义为主。仁者爱人，义者政理。爱人以除残为务，政理以去乱为心。刑罚在衷，无取于轻。是以五帝有流殛放杀之诛，三王有大辟刻肌之法。故孔子称'仁者必有勇'，又曰'理财正辞，禁民为非曰义'。"

古者包牺氏之王天下也，仰则观象于天，俯则观法于地，观鸟兽之文与地之宜，近取诸身，远取诸物，于是始作八卦，以通神明之德，以类万物之情；作结绳而为网罟，以佃以渔；盖取诸离。包牺氏没。神农氏作，斫木为耜，揉木为耒，耒耨之利以教天下；盖取诸益。日中为市，致天下之货，交易而退，各得其所；盖取诸噬嗑。

《汉书·律历志》 太昊帝，《易》曰："包牺氏之王天下也。"言包牺继天而王，为百王先，首德始于木，故为帝太昊。作罔罟以田渔，取牺牲，故天下号曰炮牺氏。炎帝，《易》曰："炮牺氏没，神农氏作。"言共工伯而不王，虽有水德，非其序也。以火承木，故为炎帝。教民耕农，故天下号曰神农氏。

又《艺文志》 《易》曰："宓戏氏仰观象于天，俯观法于地，观鸟兽之文，与地之宜，近取诸身，远取诸物，于是始作八卦，以通神明之德，以类万物之情。"至于殷、周之际，纣在上位，逆天暴物，文王以诸侯顺命而行道，天人之占，可得而效，于是重《易》六爻，作上下篇。孔氏为之《彖》、《象》、《系辞》、《文言》、《序卦》之属十篇。故曰："易道深矣！人更三圣,世历三古。"

《白虎通·爵篇》 何以皇亦称天子也?以其言天覆地载,俱王天下也。故《易》曰:"伏羲氏之王天下也。"

又《圣人篇》 何以知帝王圣人也?《易》曰:"古者伏羲氏之王天下也,于是始作八卦。"又曰:"伏羲氏殁,神农氏作。神农氏殁,黄帝、尧、舜氏作。"文俱言作,明皆圣人也。

> 树达按:今王弼本作包牺氏,《集解》引虞翻本作庖牺,又引郑注本作包牺,与王弼同。《易释文》引孟喜《古文原本》及京房《章句》本皆作伏戏氏。《汉志》及《白虎通》引文皆与彼异。

《潜夫论·相列篇》 《诗》所谓"天生烝民,有物有则",是故人身体形貌,皆有象类,骨法角肉,各有分部,以著性命之期,显贵贱之表。一人之身而五行八卦之气具焉。故师旷曰"赤色不寿",火家性易灭也。《易》之《说卦》,《巽》为人多白眼,相扬四白者兵死,此犹金伐木也。《经》曰:"近取诸身,远取诸物。""圣人有见天下之至赜而拟诸形容,象其物宜。"此亦贤人之所察,纪往以知来,而著为宪则也。

《后汉书·荀爽传》 爽陈便宜云:"今汉承秦法,设尚主之仪,以妻制夫,以卑临尊,违乾坤之道,失阳唱之义。孔子曰:'昔圣人之作《易》也,仰则观象于天,俯则察法于地,观鸟兽之文,与天地之宜,近取诸身,远取诸物,以通神明之德,以类万物之情。'今观法于天,则北极至尊,四星妃后;察法于地,则昆山象夫,卑泽象妻;睹鸟兽之文,鸟则雄者鸣雌,雌能顺服;兽则牡为唱导,牝乃相从;近取诸身,则乾为人首,坤为人腹;远取诸物,则木实属天,根荄属地。阳尊阴卑,盖乃天性。"

《风俗通·三皇篇》 谨按：《易》称："古者伏羲氏之王天下也，仰则观象于天，俯则观法于地，始作八卦，以通神明之德，以类万物之情。结绳为网罟，以佃以渔。伏羲氏没，神农氏作，斫木为耜，揉木为耒，耒耜之利，以教天下；日中为市，致天下之民。通其变，使民不倦；神而化之，使民宜之。"唯叙二皇，不及遂人。遂人功重于祝融、女娲，文明大见，大传义，斯近之矣。

《后汉书·天文志上》 《易》曰："天垂象，圣人则之。"庖牺氏之王天下，仰则观象于天，俯则观法于地。观象于天，谓日月星辰。观法于地，谓水土州分。

又《舆服志下》 上古穴居而野处，衣毛而冒皮，未有制度。后世圣人易之以丝麻，观翚翟之文，荣华之色，乃染帛以效之，始作五采，成以为服。见鸟兽有冠角頍胡之制，遂作冠冕缨蕤，以为首饰。凡十二章。故《易》曰："庖牺氏之王天下也，仰观象于天，俯观法于地，观鸟兽之文，与地之宜，近取诸身，远取诸物，于是始作八卦，以通神明之德，以类万物之情。"黄帝、尧、舜垂衣裳而天下治，盖取诸乾坤。乾坤有文，故上衣玄，下裳黄。日月星辰，山龙华虫，作缋宗彝，藻火粉米，黼黻絺绣，以五采章施于五色作服。

神农氏没，黄帝、尧、舜氏作。

《汉书·律历志》 黄帝，《易》曰："神农氏没，黄帝氏作。"火生土，故为土德；与炎帝之后战于阪泉，遂王天下。始垂衣裳，有轩冕之服，故天下号曰轩辕氏。

《白虎通·号篇》 五帝者，何谓也？《礼》曰："黄帝，颛顼，帝喾，帝尧，帝舜，五帝也。"《易》曰："黄帝、尧、舜氏作。"

又《圣人篇》　见本卷上文"古者包牺氏之王天下也"条。

通其变，使民不倦；神而化之，使民宜之。

《汉书·武帝纪》　诏曰："朕闻天地不变，不成施化；阴阳不变，物不畅茂。《易》曰：'通其变，使民不倦。'"

《盐铁论·本议篇》　大夫曰："古之立国家者，开本末之途，通有无之用，市朝以一其求，致士民，聚万货，农商工师，各得所欲，交易而退。《易》曰：'通其变，使民不倦。'故工不出则农用乏，商不出则宝货绝。农用乏则谷不殖，宝货绝则财用匮。"

《风俗通·三皇篇》　见本卷上文"古者包牺氏之王天下也"条。

易穷则变，变则通，通则久，是以自天祐之，吉无不利。

《后汉书·冯衍传》　衍说廉丹云："衍闻顺而成者，道之所大也；逆而功者，权之所贵也。是故期于有成，不问所由；论于大体，不守小节。昔逢丑父伏轼而使其君取饮，称于诸侯；郑祭仲立突而出忽，终得复位，美于《春秋》。盖以死易生，以存易亡，君子之道也。诡于众意，宁国存身，贤智之虑也。故《易》曰：'穷则变，变则通，通则久，是以自天祐之，吉，无不利。'"

黄帝、尧、舜垂衣裳而天下治，盖取诸乾坤。

《白虎通·衣裳篇》　所以名为衣裳何？衣者，隐也；裳者，鄣也；所以隐形自鄣闭也。《易》曰："黄帝、尧、舜垂衣裳而天下治。"

《论衡·自然篇》　贤之纯者，黄老是也。黄者，黄帝也；

老者，老子也。黄老之操，身中恬澹，其治无为，正身共己而阴阳自和，无心于为而物自化，无意于生而物自成。《易》曰："黄帝、尧、舜垂衣裳而天下治。"垂衣裳者，垂拱无为也。

《魏志·高贵乡公纪》　帝又问曰："《系辞》云'黄帝、尧、舜垂衣裳而天下治'，此包牺、神农之世为无衣裳。但圣人化天下，何殊异尔邪？"俊对曰："三皇之时，人寡而禽兽众，故取其羽皮而天下用足。及至黄帝，人众而禽兽寡，是以作为衣裳以济时变也。"

《后汉书·舆服志下》　见本卷上文"古者包牺氏之王天下也"条。

重门击柝，以待暴客，盖取诸豫。

《盐铁论·险固篇》　君子为国，必有不可犯之难。《易》曰'重门击柝，以待暴客'，言备之素修也。

弦木为弧，剡木为矢，弧矢之利以威天下，盖取诸睽。

《汉书·五行志下》之上　成帝建始三年十月丁未，京师相惊，言大水至。渭水虒上小女陈持弓年九岁，走入横城门，入未央宫尚方掖门，殿门门卫户者莫见，至句盾禁中而觉得。民以水相惊者，阴气盛也；小女而入宫殿中者，下人将因女宠而居有宫室之象也。名曰持弓，有似周家檿弧之祥。《易》曰："弧矢之利，以威天下。"是时，帝母王太后弟凤始为上将，秉国政，天知其后将威天下而入宫室，故象先见也。其后，王氏兄弟父子五侯秉权，至莽卒篡天下，盖陈氏之后云。

又《艺文志》　《洪范》八政，八曰师。孔子曰：为国者"足食足兵"，"以不教民战，是谓弃之"，明兵之重也。《易》

曰"古者弦木为弧，剡木为矢，弧矢之利，以威天下"，其用上矣。

又《王莽传》 莽下书曰："予之皇初祖考黄帝定天下，将兵为上将军，建华盖，立斗献，内设大将，外置大司马五人，大将军二十五人，偏将军百二十五人，裨将军千二百五十人，校尉万二千五百人，司马三万七千五百人，候十一万二千五百人，当百二十二万五千人，士吏四十五万人，士千三百五十万人，应协于《易》'弧矢之利，以威天下'。"

《后汉书·百官志五》注引应劭《汉官仪》 盖天生五材，民并用之，废一不可，谁能去兵？兵之设尚矣。《易》称"弦木为弧，剡木为矢，弧矢之利，以威天下"。

古之葬者，厚衣之以薪，葬之中野，不封不树，丧期无数；后世圣人易之以棺椁，盖取诸大过。

《汉书·刘向传》 向上疏云："《易》云：'古之葬者，厚衣之以薪，臧之中野，不封不树，后世圣人易之以棺椁。'棺椁之作，自黄帝始。"

《白虎通·崩薨篇》 葬于城郭外何？死生别处，终始异居。《易》曰"葬之中野"，所以绝孝子之思慕也。

又 丧者，何谓也？丧者，亡也。人死谓之丧何？言其丧亡不可复得见也。《尚书》曰："武王既丧。"《丧礼经》曰："死于适室。"知据死丧者称丧也。生者哀动之亦称丧。《礼》曰："丧服斩衰。"《易》曰："不封不树，丧期无数。"《孝经》曰："孝子之丧亲也。"是施生者也。

《后汉书·赵咨传》 咨遗书敕子云："夫亡者，元气去体，贞魂游散，反素复始，归于无端。既已消仆，还合粪土。土为弃物，岂有性情，而欲制其厚薄，调其燥湿邪？但以生者之情，不忍见形之毁，乃有掩骼埋胔之制。《易》曰：'古之葬者，衣以薪，葬之中野，后世圣人易之以棺椁。'棺椁之造，自黄帝始。"

上古结绳而治，后世圣人易之以书契，百官以治，万民以察，盖取诸夬。

《汉书·艺文志》 见卷三"夬夬扬于王庭"条。

《白虎通·五经篇》 《春秋》何常也？则黄帝以来。何以言之？《易》曰："上古结绳而治，后世圣人易之以书契，百官以理，万民以察。"后世圣人，谓五帝也。

《论衡·齐世篇》 语称上世之人质朴易化，下世之人文薄难治。故《易》曰："上古之时，结绳以治，后世易之以书契。"先结绳，易化之故；后书契，难治之验也。故夫宓牺之前，人民至质朴；至宓牺之时，人民颇文，故宓牺作八卦以治之；至周之时，人民文薄，八卦难复因袭，故文王衍为六十四首，极其变，使民不倦。

阳一君而二民，君子之道也；阴二君而一民，小人之道也。

《后汉书·仲长统传》 统著《昌言·损益篇》云："《易》曰：'阳一君二臣，君子之道也；阴二君一臣，小人之道也。'然则寡者，为人上者也；众者，为人下者也。一伍之长，才足以长一伍者也；一国之君，才足以君一国者也；天下之王，才足以王天下者也。愚役于智，犹枝之附干，此理天下之常法也。"

> 树达按："臣"字与《易》文"民"字异，盖唐人避太宗讳所改，非异文。

天下同归而殊途，一致而百虑。

《史记·太史公自序》 司马谈《论六家要指》云："《易大传》：'天下一致而百虑，同归而殊途。'夫阴阳、儒、墨、名、法、道德，此务为治者也，直所从言之异路，有省不省耳。"

《汉书·艺文志》 诸子十家，其可观者九家而已。皆起于王道既微，诸侯力政，时君世主，好恶殊方，是以九家之说蜂出并作，各引一端，崇其所善，以此驰说，取合诸侯。其言虽殊，辟犹水火，相灭亦相生也。仁之与义，敬之与和，相反而皆相成也。《易》曰："天下同归而殊途，一致而百虑。"

《后汉书·郎颉传》 见卷五"上系君子之道，或出或处"条。

寒往则暑来，暑往则寒来。

《后汉书·郎颉传》 颉拜章云："夫'寒往则暑来，暑往则寒来'，此言日月相推，寒暑相避，以成物也。今立春之后，火卦用事，当温而寒，违反时节，由功赏不至，而刑罚必加也。"

龙蛇之蛰，以存身也。

《汉书·五行志下》之上 见卷一"乾卦文言云从龙"条。

利用安身，以崇德也。

《文献通考》二百八引《子思子》 见卷一"乾卦文言元者善之长也"条。

穷神知化，德之盛也。

许冲《进说文表》 臣伏见陛下神明盛德，承遵圣业，上考度于天，下流化于民，"先天而天不违，后天而奉天时"，"万国咸宁，神人以和"。犹复深惟五经之妙，皆为汉制，博采幽远,"穷理尽性,以至于命"。先帝诏侍中骑都尉贾逵修理旧文,殊艺异术,王教一尚,苟有可以加于国者,靡不悉集。《易》曰:"穷神知化,德之盛也。"

子曰:小人不耻不仁,不畏不义。不见利不劝,不威不惩。小惩而大诫,此小人之福也。易曰:履校灭趾,无咎,此之谓也。

《说苑·指武篇》 昔尧诛四凶以惩恶,周公杀管、蔡以弭乱,子产杀邓析以威佞,孔子斩少正卯以变众。佞贼之人而不诛,乱之道也。《易》曰:"不威小,不惩大,此小人之福。"

《太平御览》六百四十八引王隐《晋书》 魏曹彦《复肉刑议》曰:"严刑以杀,犯之者寡;刑轻易犯,蹈恶者多。臣谓玩常苟免,犯法乃众;黥刖彰刑,而民甚耻。且创黥刖,见者知禁;彰罪表恶,亦足以畏。所以《易》曰'小惩大戒',岂蹈恶者多耶?"

《通典》百六十八引李胜《难夏侯太初肉刑论》 《易》曰:"履校灭趾,无咎。"仲尼解曰:"小惩而大戒,此小人之福也。"灭趾谓去足,为小惩明矣。

又引夏侯玄《答李胜难肉刑论》 圣贤之治也,能使民迁善而自新。故《易》曰:"小惩而大戒。"陷夫死者,不戒者也。能惩戒则无刻截,刻截则不得反善矣。

非所困而困焉,名必辱;非所据而据焉,身必危。既辱且危,死期将至,妻其可得见邪?

《蜀志·姜维传》注引《晋阳秋》 盛以永和初从安西将军平蜀,见诸故老,及姜维既降之后密与刘禅表疏,说欲伪服事钟会,因杀之以复蜀土。会事不捷,遂至泯灭。蜀人于今伤之。盛,以为古人云,"非所困而困焉,名必辱;非所据而据焉,身必危;既辱且危,死期将至",其姜维之谓乎!邓艾之入江由,士众鲜少,维进不能奋节绵竹之下,退不能总帅五将,拥卫蜀主,思后图之计,而乃反复逆顺之间,希违情于难冀之会,以衰弱之国,而屡观兵于三秦,已灭之邦,冀理外之奇举,不亦暗哉!

子曰:危者安其位者也,亡者保其存者也。

《汉书·谷永传》 永对上问曰:"臣闻王天下有国家者,患在上有危亡之事,而危亡之言不得上闻;如使危亡之言辄上闻,则商、周不易姓而迭兴,三正不变改而更用。夏、商之将亡也,行道之人皆知之,晏然自以若天有日莫能危,是故恶日广而不自知,大命倾而不寤。《易》曰:'危者有其安者也,亡者保其存者也。'"

是故君子安而不忘危,存而不忘亡,治而不忘乱,是以身安而国家可保也。

《汉书·刘向传》 向上疏云:"臣闻《易》曰:'安不忘危,存不忘亡,是以身安而国家可保也。'故圣贤之君,博观终始,穷极事情,而是非分明。王者必通三统,明天命所授者博,非独一姓也。"

《说苑·指武篇》 见卷三"萃卦大象传"条。

子曰:德薄而位尊,知小而谋大,力小而任重,鲜不及矣。

《潜夫论·忠贵篇》 季世之臣,不思顺天,而时主是谀,谓破敌者为忠,多杀者为贤。白起、蒙恬,秦以为功,天以为贼;息夫、董贤,主以为忠,天以为盗。此等之俦,虽见贵于时君,然上不顺天心,下不得民意,故卒泣血号咷,以辱终也。《易》曰:"德薄而位尊,智小而谋大,力少而任重,鲜不及矣。"是故德不称其任,其祸必酷;能不称其位,其殃必大。

树达按:"力少"之"少",与《唐石经》合;今本作"小",与上文"知小"复,误也。

子曰:知几其神乎!君子上交不谄,下交不渎,其知几乎!几者,动之微,吉之先见者也。君子见几而作,不俟终日。

《汉书·楚元王传》 初,元王敬礼申公等,穆生不耆酒,元王每置酒,常为穆生设醴。及王戊即位,常设,后忘设焉。穆生退曰:"可以逝矣!醴酒不设,王之意怠,不去,楚人将钳我于市。"称疾卧。申公、白生强起之曰:"独不念先王之德与?今王一旦失小礼,何足至此!"穆生曰:"《易》称'知几其神乎!几者,动之微,吉凶之先见者也。君子见几而作,不俟终日。'先王之所以礼吾三人者,为道之存故也;今而忽之,是忘道也。忘道之人,胡可与久处!岂为区区之礼哉!"

《后汉书·朱穆传·论》 朱穆见比周伤义,偏党毁俗,志抑朋游之私,遂著《绝交》之论。蔡邕以为穆贞而孤,又作《正交》而广其志焉。盖孔子称"上交不谄,下交不渎",又曰"晏平仲善与人交",子夏之门人亦问交与子张。故《易》明"断金"之义,《诗》载"谦朋"之谣。若夫文会辅仁,直谅多闻之友,时济其益,纻衣倾盖,弹冠结绶之夫,遂隆其好,斯固交者之方焉。

又《韩棱传》 会帝西祠园陵,诏宪与车驾会长安。及宪至,尚书以下议欲拜之,伏称"万岁"。棱正色曰:"夫'上交不谄,下交不黩’,《礼》无人臣称'万岁'之制。"议者皆惭而止。

又《陈宠传》 平帝时,王莽辅政,多改汉制,咸心非之。及莽因吕宽事诛不附己者何武、鲍宣等,咸乃叹曰:"《易》称'君子见几而作,不俟终日',吾可以逝矣。"即乞骸骨去。《后汉纪》十五《殇帝纪》同。

《后汉纪》二十九《献帝纪》 袁涣少与弟微俱以德行称。是时汉室衰微,天下将乱,涣与微闲居,从容谋安身避乱之地。微曰:"古人有言:'知几其神乎!'见几而作,君子所以元吉也。天理盛衰,汉其已矣!夫有大功必有大事,此又君子之所深识,退藏于密者也。且兵革之兴,多患众矣,微将远蹈山海以求免乎。"乃避地至交州。

子曰:颜氏之子,其殆庶几乎!有不善,未尝不知;知之,未尝复行也。

《中论·虚道篇》 故夫才敏过人,未足贵也;博辩过人,未足贵也;勇决过人,未足贵也。君子之所贵者,迁善惧其不及,改恶恐其有余。故孔子曰:"颜氏之子,其殆庶几乎!有不善,未尝不知;知之未尝复行。"

《魏志·司马朗传·注》 孙盛曰:"昔汤举伊尹,而不仁者远矣。《易》称'颜氏之子其殆庶几乎!有不善,未尝不知;知之未尝复行。'由此而言,圣人之与大贤,行藏道一,舒卷斯同,御世垂法,理无降异,升泰之美,岂俟积世哉!"

天地纲缊,万物化醇;男女构精,万物化生。

《白虎通·嫁娶篇》 人道所以有嫁娶何?以为性情之大,莫若男女;男女之交,人伦之始,莫若夫妇。《易》曰:"天地纲缊,万物化淳;男女构精,万物化生。"人承天地,施阴阳,故设嫁娶之礼者,重人伦,广继嗣也。

子曰:乾坤其易之门邪!

《周易正义》引郑玄《六艺论》 见卷五"天尊地卑"条。

巽以行权。

《申鉴·时事篇》 赦令,权也。或曰:有制乎?曰:权无制。制其义不制其事。巽以行权,义制也。权者,反经无事也。问其象,曰:无妄之灾大过凶,其象矣。不得已而行之,禁其屡也。曰:绝之乎。曰:权曰宜,弗之绝也。

易之为书也,不可远;为道也屡迁。变动不居,周流六虚。上下无常,刚柔相易。不可为典要;惟变所适。

《周易正义》引郑玄《六艺论》 见卷五"天尊地卑"条。

其出入以度外内,使知惧,又明于忧患与故。

《潜夫论·梦列篇》 且凡人道,见瑞而修德者,福必成;见瑞而纵恣者,福转为祸。见妖而骄侮者,祸必成;见妖而戒惧者,祸转为福。是故太姒有吉梦,文王不敢康吉,祀于群神,然后占于明堂,并拜吉梦,修省戒惧,闻喜若忧,故能成吉以有天下;虢公梦见蓐收赐之上田,自以为有吉,囚史嚚,令国贺梦,闻忧而喜,故能成凶以灭其封。《易》曰:"使知惧,又明于忧患与故。"凡有异梦感心,以及人之吉凶,相之气色,无问善恶,常恐惧修省以德迎之,乃其逢吉,天禄永终。

苟非其人,道不虚行。

《汉书·艺文志》 数术者,皆明堂羲和史卜之职也。史官之废久矣,其书既不能具,虽有其书而无其人。《易》曰:"苟非其人，道不虚行。"

《后汉书·方术传·序》 夫物之所偏，未能无蔽，虽云大道，其硋或同。若乃《诗》之失愚，《书》之失诬，然则数术之失至于诡俗乎！如令温柔敦厚而不愚，斯深于《诗》者也；疏通知远而不诬，斯深于《书》者也；极数知变而不诡俗，斯深于数术者也。故曰："苟非其人，道不虚行。"

《魏志·文帝纪》注引《献帝传》 魏文帝答董巴等令云："凡斯皆宜圣德，故曰：'苟非其人，道不虚行。'天瑞虽彰，须德而光。吾德薄之人，胡足以当之！"

有天道焉，有人道焉，有地道焉。兼三才而两之，故六。

《汉纪》六《高后纪·论》 故尧、汤水旱者，天数也；《洪范》咎征，人事也；鲁僖澍雨，乃可救之应也；周宣旱应，难变之势也；颜、冉之凶，性命之本也。犹天回日转，大运推移，虽日遇祸，福亦在其中矣。今人见有不移者，因曰："人事无所能移。"见有可移者，因曰："无天命。"见天人之殊远者，因曰："人事不相干。"知神气流通者，人共事而同业；此皆守其一端而不究终始。《易》曰："有天道焉，有地道焉，有人道焉。"言其异也。"兼三才而两之"，言其同也。故天人之道，有同有异，据其所以异而责其所以同，则成矣；守其所以同而求其所以异，则弊矣。

又十三《武帝纪·论》 《易》称"有天道焉，有地道焉，有人道焉"，各当其理而不相乱也。过则有故，气变而然也。

占事知来。

《汉书·艺文志》 杂占者，纪百事之象，候善恶之征。

《易》曰："占事知来。"众占非一，而梦为大，故周有其官。而《诗》载熊罴、虺蛇、众鱼、旐旟旂之梦，著明大人之占，以考吉凶，盖参卜筮。

爻象以情言。

《申鉴·杂言下篇》　见卷一"乾卦象传乾道变化"条。

周易古义卷七

说卦传

参天两地而倚数。

《汉书·律历志》 《易》曰:"参天两地而倚数。"天之数始于一,终于二十有五。其义纪之以三,故置一得三,又二十五分之六。

穷理尽性以至于命。

《汉纪》六《高后纪·论》 且夫疾病有治而未瘳,瘳而未平,平而未复;教化之道,有教而未行,行而未成,成而有败;故气类有动而未应,应而未终,终而有变;迟速深浅,变化错于其中矣。是故参差而均矣。天地人物之理,莫不同之。凡三势之数,深不可识,故君子尽心力焉以任天命。《易》曰"穷理尽性,以至于命",其此之谓乎?

是以立天之道,曰阴与阳;立地之道,曰柔与刚;

立人之道，曰仁与义。

《汉书·律历志》 三统者，天施、地化、人事之纪也。十一月，《乾》之初九，阳气伏于地下，始著为一，万物萌动，钟于太阴，故黄钟为天统，律长九寸。九者，所以究极中和，为万物元也。《易》曰："立天之道，曰阴与阳。"六月，《坤》之初六，阴气受任于太阳，继养化柔，万物生长，楙之于未，令种刚强大，故林钟为地统，律长六寸。六者，所以含阳之施，楙之于六合之内，令刚柔有体也。"立地之道，曰柔与刚。""《乾》知太始，《坤》作成物。"正月，《乾》之九三，万物棣通，族出于寅，人奉而成之，仁以养之，义以行之，令事物各得其理。寅，木也，为仁；其声，商也，为义。故太族为人统，律长八寸，象八卦，宓戏氏之所以顺天地，通神明，类万物之情也。"立人之道，曰仁与义。""在天成象，在地成形。""后以裁成天地之道，辅相天地之宜，以左右民。"此三律之谓矣。

《潜夫论·释难篇》 今以目所见，耕，食之本也；以心原道，即学又耕之本也。《易》曰："立天之道，曰阴与阳；立地之道，曰柔与刚；立人之道，曰仁与义。"

《汉纪·成帝纪·论》 《经》称"立天之道，曰阴与阳；立地之道，曰柔与刚；立人之道，曰仁与义"。阴阳之节，在于四时五行；仁义之大体，在于三纲六纪。上下咸序，五品有章；淫则荒越，民失其性。于是在上者则天之经，因地之义，立度宣教，以制其中。施之当时，则为道德；垂之后世，则为典经；皆所以总统纲纪，崇立王业。

《后汉纪》十八《顺帝纪》 马融对曰："臣闻'立天之道，曰阴与阳；立地之道，曰柔与刚'。夫阴阳刚柔，天地所以立也。取仁于阳，资义于阴，柔以施德，刚以行刑。各顺时月，以厚群生。"

又二十二《桓帝纪》 刘淑对曰："臣闻'立天之道，曰阴与阳；立人之道，曰仁与义'。故夫妇正则父子亲，父子亲则君臣通，君臣通则仁义立，仁义立则阴阳和而风雨时矣。"

《释名·释形体》 人，仁也；仁，生物也。故《易》曰："立人之道，曰仁与义。"

分阴分阳，迭用柔刚。

《汉书·郊祀志》 王莽奏云："阴阳有离合。《易》曰：'分阴分阳，迭用柔刚。'"

天地定位，山泽通气。

《风俗通·山泽篇》 《孝经》曰："圣不独立，智不独治，神不过天地，同灵造虚，由立五岳，设三台。"《传》曰："五岳视三公，四渎视诸侯，其余或伯或子男，大小为差。"《尚书》"咸秩无文"，王者报功，以次秩之，无有文也。《易》称"山泽通气"，《礼》"名山大泽不以封诸侯"，故积其类曰山泽也。

《艺文类聚》七引张昶《西岳华山堂阙·碑铭》《易》曰："天地定位，山泽通气。"然山莫尊于岳，泽莫盛于渎。山岳有五而华处其一，渎有四而河在其数，其灵也至矣。

雷以动之，雨以润之。

《后汉书·郎顗传》 见卷二"豫卦大象"条。

帝出乎震。

蔡邕《独断》 《易》曰："帝出乎震。"震者，木也，言宓牺氏始以木德王天下也。

《汉纪》一《高祖纪》 及至刘向父子，乃推五行之运，以子承母，始自伏羲，以迄于汉宜为火德。其序之也，以为《易》称"帝出乎震"，故太皞始出于震，为木德，号曰伏羲氏。

离也者，明也，万物皆相见，南方之卦也。圣人南面而听天下，向明而治，盖取诸此也。

《蔡邕集·明堂月令论》 "明堂者，天子太庙，所以宗祀其祖以配上帝者也。夏后氏曰'世室'，殷人曰'重屋'，周人曰'明堂'。东曰'青阳'，南曰'明堂'，西曰'总章'，北曰'玄堂'，中央曰'太室'。《易》曰：'《离》也者，明也，南方之卦也。圣人南面而听天下，乡明而治。'"人君之位，莫正于此焉。故虽有五名，而主以明堂也。

《申鉴·时事篇》 "天子南面而听天下，向明而治"，朝国家之大事也。宜正其仪以明旧典。

《吴志·虞翻传》注引《翻别传》 见卷一"乾文言乾元用九天下治也"条。

乾为马。

《汉书·五行志下》之上 见下"乾为天"条。

坤为牛。

《汉书·五行志下》之上 于《易》，《坤》为土，为牛，牛大心而不能思虑。思心气毁，故有牛祸。

《通典》四十四引秦静《腊用日议》 见卷一"坤象"。

巽为鸡。

《汉书·五行志中》之上 于《易》，《巽》为鸡。鸡有冠距文武之貌，不为威仪。貌气毁，故有鸡祸。

坎为豕。

《汉书·五行志中》之下　于《易》，《坎》为豕。豕大耳而不聪察。听气毁，故有豕祸也。

兑为羊。

《汉书·五行志中》之上　刘歆《貌传》曰：有羊祸。于《易》，《兑》为羊，木为金所病，故致羊祸，与常雨同应。

兑为口。

《汉书·五行志中》之上　于《易》，《兑》为口。犬以吠守而不可信。言气毁，故有犬祸。

乾为天，为圜，为君，为父，为玉，为金，为寒，为冰，为大赤，为良马，为老马。

《汉书·五行志下》之上　于《易》，《乾》为君，为马。马任用而强力。君气毁，故有马祸。

《魏志·高贵乡公纪》　帝又问："乾为天，而复为金，为玉，为老马，与细物并邪？"俊对曰："圣人取象，或远或近，近取诸物，远则天地。"

坤为地，为母。

《汉书·杜邺传》　见卷一"坤卦"题条。

震为雷。

《汉书·五行志中》之下　《史记》秦二世元年，天无云而雷。刘向以为雷当托于云，犹君托于臣，阴阳之合也。二世不恤天下，万民有怨畔之心。是岁，陈胜起，天下畔，赵高作乱，秦遂以亡。一曰，《易》《震》为雷，为貌不恭也。

《古文苑》郦炎《对事》　见卷四"震象"条。

巽为木，为风，为长女。

《汉书·五行志下》之上　刘向以为于《易》，《巽》为风，为木，卦在三月四月，继阳而治，主木之华实。风气盛，至秋冬木复华，故有华孽。

《风俗通·祀典篇》　《周礼》："以柳燎祀风师。"风师者，箕星也。箕主簸扬，能致风气。《易》："巽为长女也。"长者伯，故曰风伯。鼓之以雷霆，润之以风雨，养成万物，有功于人，王者祀以报功也。

为多白眼。

《潜夫论·相列篇》　见卷六"下系古者包牺氏之王天下也"条。

坎为水。

离为火，为日，为电，为中女。

《汉书·五行志上》　天以一生水，地以二生火，天以三生木，地以四生金，天以五生土。五位皆以五而合，而阴阳易位，故曰"妃以五成"。然则水之大数六，火七，木八，金九，土十。故水以天一为火，二牡；木以天三为土，十牡；土以天五为水，六牡；火以天七为金，四牡；金以天九为木，八牡。阳奇为牡，阴耦为妃。故曰："水，火之牡也；火，水妃也。"于《易》，《坎》为水，为中男；《离》为火，为中女，盖取诸此也。

又中之下　于《易》，刚而包柔为《离》，《离》为火，为目。羊上角下蹄，刚而包柔，羊大目而不精明，视气毁，故有羊祸。

序卦传

讼必有众起，故受之以师。

《人物志·释争篇》 见卷一"讼彖传"条。

可观而后有所合，故受之以噬嗑。

《后汉书·崔骃传》 见卷五"系辞上备物致用"条。

剥者，剥也。物不可以终尽，剥穷上反下，故受之以复。

《淮南子·缪称训》 动而有益，则损随之。故《易》曰剥之不可遂尽也，故受之以复。

有夫妇然后有父子，有父子然后有君臣，有君臣然后有上下，有上下然后礼义有所错。

《汉书·艺文志》 《易》曰："有夫妇父子君臣上下，礼义有所错。"而帝王质文，世有损益。至周，曲为之防，事为之制，故曰："礼经三百，威仪三千。"

《后汉书·荀爽传》 见卷五"上系天尊地卑"条。

《蜀志·先主甘后等传·评》 《易》称"有夫妇然后有父子"。夫人伦之始，恩纪之隆，莫尚于此矣。

《吴志·孙皓传》注引《汉晋春秋》 晋文王与皓书曰："圣人称有君臣然后有上下礼义，是故大必字小，小必事大，然后上下安服，群生获所。"

又《虞翻传》注引《翻别传》 翻又奏郑玄解《尚书》违失事曰："臣闻周公制礼以辨上下。孔子曰：'有君臣然后有上下，有上下然后礼义有所错。'是故尊君卑臣，礼之大司也。"

老子古义

老子古义自序

民国六载，南北交哄。余居家园，适为两方争攫之地。一日，南帅宵去。明旦，余出门，则见商肆严扃，居民扶老携幼，妇女携将筐箧谋避地者络绎于道。号呼之声，惨不忍闻。余时痛极，心念老子"天地不仁，以万物为刍狗；圣人不仁，以百姓为刍狗"之语。私谓命世哲人，早知此矣！故曰："兵者不祥之器。"自是学校闭门，弦诵辍响。余感念既深，复多暇晷。乃取《韩非·解老·喻老》、《淮南·道应》诸篇，手自移录，继复搜检诸子古史之说老子者，附益之，合为一帙，凡五十日而录竟。以余旧有《周易古义》，是篇体式不违，遂名曰《老子古义》。去岁，郋园先生北来，将稿请益，猥以合于仲尼述而不作之旨，颇蒙赞许。余亦念刑名源于道德，秦汉时儒者类多服习老氏，则是编虽成于一时之感奋，而于学术源流，庶几无悖。故取付书坊，印而布之。自知仓卒集事，容有遗脱，补苴罅漏，期诸他日云尔。民国十一年十一月卅一日，长沙杨树达遇夫自序于北京都城隍庙街寓庐。

是书印行后，续得漏义九十事。兹四版付印，特增入焉。

其他亦略有删移,下卷篇幅尤夥,遂析之为二,凡为书上中下三卷。旧著有《汉代老学者考》一篇,亦附于后云。十七年一月十一日,遇夫记于北京六铺炕寓庐之积微居。

老子古义卷上

一章

道可道,非常道;名可名,非常名。

《韩非子·解老篇》 凡理者,方圆短长粗靡坚脆之分也;故理定而后物可得道也。故定理有存亡,有死生,有盛衰。夫物之一存一亡,乍死乍生,初盛而后衰者,不可谓常;唯夫与天地之剖判也俱生,至天地之消散也不死不衰者,谓常。而常者,无攸易,无定理,无定理非在于常,是以不可道也。圣人观其玄虚,用其周行,强字之曰道。然而可论。故曰:"道之可道,非常道也。"

《淮南子·道应训》 桓公读书于堂。轮人斲轮于堂下,释其椎凿,而问桓公,曰:"君之所读者,何书也?"桓公曰:"圣人之书。"轮扁曰:"其人焉在?"桓公曰:"已死矣。"轮扁曰:"是直圣人之糟粕耳!"桓公悖然作色而怒,曰:"寡人读书,工人焉得而讥之哉!有说则可,无说则死!"轮扁曰:

"然，有说。臣试以臣之斫轮语之：大疾则苦而不入，大徐则甘而不固。不甘，不苦，应于手，厌于心，而可以至妙者，臣不能以教臣之子；而臣之子亦不能得之于臣。是以行年七十，老而为轮。"今圣人之所言者，亦以怀其实穷而死；独其糟粕在耳。故老子曰："道可道，非常道；名可名，非常名。"

《淮南子·本经训》 今至人生乱世之中，含德怀道，拘无穷之智，钳口寝说，遂不言而死者，众矣；然天下莫知贵其不言也。故道可道，非常道；名可名，非常名。著于竹帛，镂于金石，可传于人者，其粗也。五帝、三王殊事而同指，异路而同归。晚世学者不知道之所一体，德之所总要；取成之迹，相与危坐而说之，鼓歌而舞之；故博学多闻而不免于惑。

《淮南子·氾论训》 百川异源而皆归于海；百家殊业而皆务于治。王道缺而《诗》作；周室废，礼义坏而《春秋》作。《诗》《春秋》，学之美者也，皆衰世之造也。儒者循之以教导于世，岂若三代之盛哉？以《诗》《春秋》为古之道而贵之，又有未作《诗》、《春秋》之时。夫道其缺也，不若道其全也；诵先王之诗书，不若闻得其言；闻得其言，不若得其所以言。得其所以言者，言弗能言也。故"道可道者，非常道"也。《文子·上义篇》文略同。

《文子·道原篇》 老子曰：夫事生者应变而动，变生于时，知时者无常之行。故道可道，非常道；名可名，非常名。书者，言之所生也。言出于智。智者不知，非常道也。名可名，非藏书者也。多言数穷，不如守中。绝学无忧。绝圣弃智，民利百倍。

《文子·精诚篇》 老子曰：赈穷补急则名生；起利除害即功成。世无灾害，虽圣无所施其德；上下和睦，虽贤无所立其功。故至人之治，含德抱道，推诚乐施；无穷之智，寝说而不言；天下莫之知贵其不言者。故道可道，非常道也；名可名，非常名也。

《文子·上礼篇》 古者被发而无卷领以王天下，其德生而不杀，与而不夺；天下非其服，同怀其德。当此之时，阴阳和平，万物蕃息；飞鸟之巢可俯而探也，走兽可系而从也。及其衰也，鸟兽虫蛇皆为民害，故铸铁锻刃以御其难。故民迫其难则求其便，因其患则操其备，各以其智去其所害，就其所利。常故不可循，器械不可因，故先王之法度，有变易者也。故曰：名可名，非常名也。五帝异道而德覆天下，三王殊事而名后世，因时而变者也。譬犹师旷之调五音也，所推移上下，无常尺寸；以度，而靡不中者。故通于乐之情者，能作音；有本主于中而知规矩钩绳之所用者，能治人。故先王之制不宜，即废之；末世之事善，即著之。故圣人之制礼乐者不制于礼乐，制物者不制于物，制法者不制于法。故曰：道可道，非常道也。

无名，天地之始；

《史记·日者传》 宋忠见贾谊于殿门外，乃相引屏语，相谓自叹，曰："道高益安，势高益危。居赫赫之势，失身且有日矣。夫卜而有不审，不见夺糈；为人主计而不审，身无所处：此相去远矣。犹天冠地履也。此老子之所谓'无名者万物之始'也。"

有名，万物之母。故常无，欲以观其妙；常有，欲以观其微。此两者，同出而异名，同谓之玄，玄之又玄，众妙之门。

二章

天下皆知美之为美，斯恶已；皆知善之为善，斯不善已。

《淮南子·道应训》 太清问于无穷曰："子知道乎？"无穷曰："吾弗知也。"又问于无为曰："子知道乎？"无为曰："吾知道。""子之知道亦有数乎？"无为曰："吾知道有数。"曰："其数奈何？"无为曰："吾知道之可以弱，可以强；可以柔，可以刚；可以阴，可以阳；可以窈，可以明；可以包裹天地，可以应待无方：此吾所以知道之数也。"太清又问于无始，曰："乡者，吾问道于无穷，无穷曰：'吾弗知之。'又问于无为，无为曰：'吾知道。'曰：'子之知道亦有数乎？'无为曰：'吾知道有数。'曰：'其数奈何？'无为曰：'吾知道之可以弱，可以强；可以柔，可以刚；可以阴，可以阳；可以窈，可以明；可以包裹天地，可以应待无方：吾所以知道之数也。'若是，则无为之知，与无穷之弗知，孰是？孰非？"无始曰："弗知深而知之浅；弗知内而知之外；弗知精而知之粗。"太清仰而叹，曰："然则不知乃知邪？知乃不知邪？孰知知之为弗知，弗知之为知邪？"无始曰："道不可闻，闻而非也；道不可见，见而非也；道不可言，言而非也。孰知形之不形者乎！故老子曰：'天下皆知善之为善，斯不善也。'故知者不言，言者不知也。"《文子·微明篇》文略同。

故有无相生，难易相成。

《文子·道原篇》 夫无形大，有形细；无形多，有形少；无形强，有形弱；无形实，有形虚。有形者，遂事也；无形者,作始也。遂事者,成器也;作始者,朴也。有形则有声,无形则无声;有形产于无形。故无形者,有形之始也。广厚有名;有名者,贵全也;俭薄无名;无名者,贱轻也。殷富有名;有名者,尊宠也;贫寡无名;无名者,卑辱也。雄牡有名;有名者,章明也;雌牝无名;无名者,隐约也。有余者有名;有名者,高贤也;不足者无名;无名者,任下也。有功即有名,无功即无名;有名产于无名。无名者,有名之母也。夫道,有无相生也;难易相成也。是以圣人执道,虚静微妙以成其德。

长短相较,高下相倾,

《淮南子·齐俗训》 古者,民童蒙不知东西;貌不羡乎情,而言不溢乎行。其衣致暖而无文,其兵戈铢而无刃;其歌乐而无转,其哭哀而无声;凿井而饮,耕田而食,无所施其美,亦不求得。亲戚不相毁誉;朋友不相怨德。及至礼义之生,货财之贵,而诈伪萌兴,非誉相纷,怨德并行。于是乃有曾参、孝己之美,而生盗跖、庄蹻之邪。故有大路龙旂,羽盖垂緌,结驷连骑,则必有穿窬拊楗抽箧逾备之奸;有诡文繁绣,弱緆罗纨,必有菅屩跐𧾷且,短褐不完者。故高下之相倾也,短修之相形也,亦明矣。

音声相和,前后相随。

是以圣人处无为之事,行不言之教,

《庄子·知北游》篇 知北游于玄水之上,登隐弅之丘,而适遭无为谓焉。知谓无为谓曰:"予欲有问乎若:何思何虑则知道?何处何服则安道?何从何道则得道?"三问而无为谓不答也。非不答,不知答也。知不得问,反于白水之南,登狐阕之丘而睹狂屈焉。知以之言也问乎狂屈。狂屈曰:"唉!予知之,将语若,中欲言而忘其所欲言。"知不得问,反于帝宫,见黄帝而问焉。黄帝曰:"无思无虑始知道,无处无服始安道,无从无道始得道。"知问黄帝曰:"我与若知之,彼与彼不知也,其孰是邪?"黄帝曰:"彼无为谓真是也,狂屈似之,我与汝终不近也。"夫知者不言,言者不知,故圣人行不言之教。

《文子·自然篇》 王道者,处无为之事,行不言之教,清静而不动,一度而不摇;因循任下,责成而不劳。谋无失策,举无过事。

万物作焉而不辞,生而不有,为而不恃,

功成而弗居。夫唯弗居,是以不去。

《淮南子·道应训》 子发攻蔡,逾之,宣王郊迎,列田百顷而封之执圭。子发辞不受,曰:"治国立政,诸侯入宾:此君之德也。发号施令,师未合而敌遁:此将军之威也。兵陈战而胜敌者,此庶民之力也。夫乘民之功劳而取其爵禄者,非仁义之道也。"故辞而弗受。故老子曰:"功成而不居。夫惟不居,是以不去。"

三章

不尚贤,使民不争;

《淮南子·齐俗训》 夫明镜便于照形;其于以函食,不如箪。牺牛粹毛宜于庙牲;其于以致雨,不若黑蜧。由此观之,物无贵贱。因其所贵而贵之,物无不贵也;因其所贱而贱之,物无不贱也。夫玉璞不厌厚,角觿不厌薄;漆不厌黑,粉不厌白：此四者，相反也；所急则均；其用一也。今之裘与蓑，孰急？见雨则裘不用；升堂则蓑不御；此代为帝者也。譬若舟、车、楯、肆、穷庐，故有所宜也。故老子曰：不上贤者，言不致鱼于木，沉鸟于渊。《文子·自然篇》文略同。

《文子·下德篇》 人之情性，皆愿贤己而疾不及人。愿贤己，则争心生；疾不及人，即怨心生。怨争生，即心乱而气逆；故古之圣王退争怨。争怨不生，即心治而气顺。故曰：不尚贤，使民不争。

不贵难得之货，使民不为盗；

《淮南子·齐俗训》 治国之道，上无苛令，官无烦治，士无伪行，工无淫巧。其事经而不扰，其器完而不饰。乱世则不然：为行者相揭以高，为礼者相矜以伪；车舆极于雕琢，器用逐于刻镂；求货者争难得以为宝，诋文者处烦挠以为慧；争为佹辩，久稽而不诀，无益于治。工为奇器，历岁而后成，不周于用。故神农之法曰："丈夫丁壮而不耕，天下有受其饥者；妇人当年而不织，天下有受其寒者。"故身自耕，妻亲织，以为天下先。其导民也，不贵难得之货，不器无用之物，是故其耕不强者无以养生，其织不强者无以掩形。有余不足，各归其身；衣食饶溢，奸邪不生；安乐无事，而天下太平。故孔丘、曾参无所施其善，孟贲、成荆无所行其威。《文子·上义篇》文同。

不见可欲，使民心不乱。

《淮南子·道应训》 令尹子佩请饮庄王，庄王许诺。子佩期之于京台，庄王不往。明日，子佩跪揖，北面立于殿下，曰："昔者君王许之，今不果往：意者臣有罪乎？"庄王曰："吾闻子具于强台。强台者，南望料山以临方皇，左江而右淮：

其乐忘死。若吾薄德之人,不可以当此乐也,恐留而不能反。"故老子曰:"不见可欲,使心不乱。"

《蜀志·秦宓传》 宓报李权书云:"今战国反覆仪秦之术,杀人自生,亡人自存,经之所疾。故孔子发愤作《春秋》,大乎居正;复制《孝经》,广陈德行,杜渐防萌,预有所抑。是以老氏绝祸于未萌,岂不信邪?成汤大圣,睹野鱼而有猎逐之失;定公贤者,见女乐而弃朝事。《道家法》曰:'不见所欲,使心不乱。'"

是以圣人之治,虚其心,实其腹;弱其志,强其骨;常使民无知无欲;使夫智者不敢为也,为无为,则无不治。

四章

道冲而用之或不盈,渊兮似万物之宗。

《淮南子·道应训》 赵襄子攻翟而胜之,取左人、终人,使者来谒之。襄子方将食,而有忧色。左右曰:"一朝而两城下,此人之所喜也。今君有忧色,何也?"襄子曰:"江、河之大也,不过三日;飘风暴雨日中不须臾。今赵氏之德行无所积,今一朝两城下,亡其及我乎?"孔子闻之,曰:"赵氏其昌乎!"夫忧,所以为昌也;而喜,所以为亡也。胜非其难也;持之者其难也。贤主以此持胜,故其福及后世。齐、楚、吴、越皆尝胜矣;然而卒取亡焉:不通乎持胜也。唯有道之主能持胜。孔子劲扚国门之关,而不肯以力闻;墨子为守攻,公输般服,而不肯以兵知。善持胜者以强为弱。故老子曰:"道冲而用之，又弗盈也。"《文子·微明篇》文略同。

挫其锐，解其纷；和其光，同其尘。湛兮似或存。

《淮南子·道应训》 吴起为楚令尹，适魏，问屈宜咎曰："王不知起之不肖，而以为令尹，先生试观起为之人也！"屈子曰："将奈何？"吴起曰："将衰楚国之爵而平其制禄，损其有余而绥其不足，砥砺甲兵，以时争利于天下。"屈子曰："宜咎闻之，昔善治国家者不变其故，不易其常。今子将衰楚国之爵而平其制禄，损其有余而绥其不足，是变其故，易其常也。行之者，不利。宜咎闻之，曰：怒者，逆德也；兵者，凶器也；争者，人之所本，逆之至也。且子用鲁兵，不宜得志于齐，而得志焉；子用魏兵，不宜得志于秦，而得志焉。宜咎闻之，非祸人不能成祸。吾固惑吾王之数逆天道，戾人理，至今无祸；差须夫子也！"吴起惕然，曰："尚可更乎？"屈子曰："成形之徒，不可更也。子不若敦爱而笃行之！"老子曰："挫其锐，解其纷；和其光，同其尘。"又略见《文子·下德篇》。

吾不知谁之子？象帝之先。

五章

天地不仁，以万物为刍狗；圣人不仁，以百姓为刍狗。

《文子·自然篇》 天地不仁，以万物为刍狗；圣人不仁，以百姓为刍狗。夫慈爱仁义者，近狭之道也。狭者入大而迷，近者行远而惑。圣人之道，入大不迷，行远不惑；常虚自守，可以为极；是谓天德。

《后汉书·舆服志》 《书》曰:"明试以功,车服以庸。"言昔者圣人兴天下之大利,除天下之大害,躬亲其事,身履其勤,忧之劳之,不避寒暑,使天下之民物各得安其性命,无夭昏暴陵之灾。是以天下之民敬而爱之,若亲父母;则而养之,若仰日月。夫爱之者欲其长久,不惮力役,相与起作宫室,上栋下宇,以雍覆之,欲其长久也;敬之者欲其尊严,不惮劳烦。相与起作舆轮旌旗章表以尊严之;斯爱之至,敬之极也。苟心爱敬,虽报之至,情由未尽。或杀身以为之,尽其情也;奕世以祀之,明其功也。是以流光与天地比长,后世圣人知民之忧思深大者,必缋其乐;勤仁毓物使不夭折者,必受其福。故为之制礼以节之,使夫上仁继天统物,不伐其功,民物安逸,若道自然,莫知所谢。老子曰:"圣人不仁,以百姓为刍狗。"此之谓也。

天地之间,其犹橐籥乎!虚而不屈,动而愈出。多言数穷,不如守中。

《淮南子·道应训》 王寿负书而行,见徐冯于周。徐冯曰:"事者,应变而动。变生于时,故知时者无常行。书者,言之所出也。言出于知者,知者不藏书。"于是王寿乃焚其书而舞之。故老子曰:"多言数穷,不如守中。"《文子·道原篇》文略同,见上"道可道"条。

六章

谷神不死,是谓玄牝。玄牝之门,是谓天地根。绵绵若存,用之不勤。

《列子·天瑞篇》　有生不生，有化不化。不生者能生生，不化者能化化；生者不能不生，化者不能不化，故常生常化。常生常化者，无时不生，无时不化，阴阳尔，四时尔。不生者疑独，不化者往复。往复，其际不可终；疑独，其道不可穷。《黄帝书》曰："谷神不死，是谓玄牝。玄牝之门，是谓天地之根。绵绵若存，用之不勤。"故生物者不生，化物者不化。自生自化，自形自色，自智自力，自消自息。谓之生化形色智力消息者，非也。

《文子·精诚篇》　老子曰：大道无为。无为即无有。无有者，不居也；不居者，即虚而无形；无形者不动；不动者，无言也；无言者，即静而无声。无形无声者，视之不见，听之不闻；是谓微妙，是谓至神。绵绵若存，是谓天地之根。

七章

天长地久。天地所以能长且久者，以其不自生，故能长生。

是以圣人后其身而身先，外其身而身存。非以其无私邪？故能成其私。

《淮南子·道应训》　公仪休相鲁而嗜鱼。一国献鱼，公仪子弗受。其弟子谏，曰："夫子嗜鱼，弗受，何也？"答曰："夫唯嗜鱼，故弗受。夫受鱼而免于相，虽嗜鱼，不能自给鱼；毋受鱼而不免于相，则能长自给鱼。"此明于为人为己者也。故老子曰："后其身而身先，外其身而身存。非以其无私邪？故能成其私。"一曰："知足不辱。"《韩诗外传》卷三文略同。

八章

上善若水。水善利万物而不争，处众人之所恶，故几于道。居善地，心善渊，与善仁，言善信，正善治，事善能，动善时。夫惟不争，故无尤。

九章

持而盈之，不如其已；揣而梲之，不可长保。

《淮南子·道应训》 白公胜得荆国，不能以府库分人。七日，石乞入，曰："不义得之，又不能布施，患必至矣。不能予人，不若焚之！毋令人害我！"白公弗听也。九日，叶公入，乃发大府之货以予众，出高库之兵以赋民，因而攻之，十有九日而擒白公。夫国非其有也，而欲有之，可谓至贪也。不能为人，又无以自为，可谓至愚矣。譬白公之嗇也，何以异于枭之爱其子也！故老子曰："持而盈之，不如其已；揣而锐之，不可长保也。"《文子·微明篇》文略同。

金玉满堂，莫之能守；富贵而骄，自遗其咎。

功遂身退，天之道。

《淮南子·道应训》 魏武侯问于李克曰："吴之所以亡者，何也？"李克对曰："数战而数胜。"武侯曰："数战数胜，国之福，其独以亡，何故也？"对曰："数战则民罢，数胜则主骄。以骄主使罢民，而国不亡者，天下鲜矣。骄则恣，恣则极物；罢则怨，怨则极虑。上下俱极，吴之亡犹晚矣，夫差之所以自到于干遂也。"故老子曰：功成名遂，身退，天之道也。《文子·道德篇》文略同。

《文子·上德篇》 狡兔得而猎犬烹，高鸟尽而良弓藏。功成名遂，身退，天道然也。

《汉书·疏广传》 见四十四章"知足不辱"条。

《牟子·理惑论》 问曰："老子云：'知者不言，言者不知。'又曰：'大辩若讷，大巧若拙。'君子耻言过行。设沙门有至道，奚不坐而行之？何复谈是非论曲直乎？仆以为此德行之贱也。"牟子曰："来春当大饥，今秋不食；黄钟应寒，蕤宾重裘。备预虽早，不免于愚。老子所云，谓得道者耳；未得道者，何知之有乎？大道一言而天下悦，岂非大辩乎？老子不云乎？'功遂身退，天之道也'。身既退矣，又何言哉。"

《牟子·理惑论》 见后十三章"何谓贵大患若身"条。

十章

载营魄抱一，能无离乎？专气致柔，能婴儿乎？

《淮南子·道应训》 颜回谓仲尼曰："回益矣。"仲尼曰："何谓也？"曰："回忘礼乐矣。"仲尼曰："可矣，犹未也。"异日，复见，曰："回益矣。"仲尼曰："何谓也？"曰："回忘仁义矣。"仲尼曰："可矣，犹未也。"异日，复见，曰："回坐忘矣。"仲尼遽然曰："何谓坐忘？"颜回曰："堕支体，黜聪明，离形去知，洞于化通，是谓坐忘。"仲尼曰："洞则无善也，化则无常矣。而夫子荐贤，丘请从之后。"故老子曰："载营魄抱一，能无离乎？专气至柔，能如婴儿乎？"

涤除玄览，能无疵乎？爱民治国，能无知乎？天门开阖，能无雌乎？明白四达，能无为乎？

《淮南子·道应训》 齧缺问道于被衣。被衣曰："正女形，壹女视，天和将至；摄女知，正女度，神将来舍，德将来附。若美而道，将为女居；惷乎若新生之犊，而无求其故！"言未卒，齧缺继以仇夷。被衣行歌而去，曰："形若槁骸，心如死灰；真其实知，以故自持；墨墨恢恢，无心可与谋。彼何人哉？"故老子曰："明白四达，能无以知乎？"《文子·道原篇》作孔子问老子答，文略同。

生之畜之，生而不有，为而不恃，长而不宰。是谓玄德。

《庄子·达生篇》 有孙休者，踵门而诧子扁庆子曰："休居乡不见谓不修，临难不见谓不勇；然而田原不遇岁，事君不遇世，宾于乡里，逐于州部，则胡罪乎天哉？休恶遇此命也！"扁子曰："子独不闻夫至人之自行邪？忘其肝胆，遗其耳目，芒然彷徨乎尘垢之外，逍遥乎无事之业，是谓为而不恃，长而不宰。今汝饰智以惊愚，修身以明污，昭昭乎若揭日月而行也。汝得全而形躯，具而九窍，无中道夭于聋盲跛蹇而比于人数，亦幸矣！又何暇乎天之怨哉！子往矣！"

《文子·道原篇》 天常之道，生物而不有，成化而不宰；万物恃之而生，莫之知德；恃之而死，莫能怨。收藏畜积而不加富，布施禀受而不益贫。

十一章

三十辐共一毂，当其无，有车之用。

《文子·上德篇》 三十辐共一毂，各直一凿，不得相入，犹人臣各守其职也。

《史记·太史公自序》 二十八宿环北辰，三十辐共一毂，运行无穷。辅拂股肱之臣配焉，忠信行道，以奉主上。

树达按：以辐毂喻君臣，与《文子》义同。

埏埴以为器。当其无，有器之用。凿户牖以为室，当其无，有室之用。

故有之以为利，无之以为用。

《文子·道原篇》 故有道即有德，有德即有功，有功即有名，有名即复归于道。功名长久，终身无咎。王公有功名，孤寡无功名。故曰：圣人自谓孤寡。归其根本，功成而不有，故有功以为利，无名以为用。

十二章

五色令人目盲；五音令人耳聋；五味令人口爽；驰骋畋猎，令人心发狂；难得之货，令人行妨。是以圣人为腹不为目。

《庄子·天地篇》 百年之木，破为牺樽，青黄而文之，其断在沟中。比牺樽于沟中之断，则美恶有间矣，其于失性一也。跖与曾、史行义有间矣，然其失性均也。且夫失性有五：一曰五色乱目，使目不明；二曰五声乱耳，使耳不聪；三曰五臭薰鼻，困惾中颡；四曰五味浊口，使口厉爽；五曰趣舍滑心，使性飞扬。此五者，皆生之害也。

《牟子·理惑论》 老子曰："五色令人目盲；五音令人耳

聋；五味令人口爽；驰骋畋猎，令人心发狂；难得之货，令人行妨。圣人为腹不为目。"此言岂虚哉！柳下惠不以三公之位易其行，段干木不以其身易魏文之富，许由、巢父栖木而居，自谓安于帝宇，夷齐饿于首阳，自谓饱于文、武。盖各得其志而已，何不聊之有乎？

故去彼取此。

《淮南子·道应训》 季子治亶父三年，而巫马期絻衣短褐，易容貌，往观化焉。见夜渔者得鱼则释之。巫马期问焉，曰："凡子所为渔者，欲得也。今得而释之，何也？"渔者对曰："季子不欲人取小鱼也。所得者小鱼，是以释之。"巫马期归，以报孔子，曰："季子之德至矣！使人暗行若有严刑在其侧，季子何以至于此？"孔子曰："丘尝问之以治，言曰：'诚于此者刑于彼。'季子必行此术也。"故老子曰："去彼取此。"

十三章

宠辱若惊，贵大患若身。何谓宠辱若惊？宠为下，得之若惊，失之若惊，是谓宠辱若惊。

何谓贵大患若身？吾所以有大患者。为吾有身。及吾无身，吾有何患？

《牟子·理惑论》 牟子曰："人临死，其家上屋呼之。死已，复呼谁？"或曰："呼其魂魄。"牟子曰："神还则生，不还则何之乎？"曰："成鬼神。"牟子曰："是也。魂神固不灭矣，但身自朽烂耳。身譬如五谷之根叶，魂神如五谷之种实。根叶生必当死，种实岂有终亡？得道身灭耳。老子曰：'吾所以有大患，以吾有身也。若吾无身，吾有何患？'又曰：'功成名遂身退，天之道也。'"

故贵以身为天下，若可寄天下；爱以身为天下，若可托天下。

《庄子·在宥篇》 自三代以下者，匈匈焉终以赏罚为事，彼何暇安其性命之情哉！而且说明邪？是淫于色也；说聪邪？是淫于声也；说仁邪？是乱于德也；说义邪？是悖于理也；说礼邪？是相于技也；说乐邪？是相于淫也；说圣邪？是相于艺也；说知邪？是相于疵也。天下将安其性命之情，之八者，存可也，亡可也；天下将不安其性命之情，之八者，乃始脔卷狣囊而乱天下也。而天下乃始尊之惜之，甚矣天下之惑也！岂直过也而去之邪！乃斋戒以言之，跪坐以进之，鼓歌以舞之，吾若是何哉！故君子不得已而临莅天下，莫若无为。无为也而后安其性命之情。故贵以身于为天下，则可以托天下；爱以身于为天下，则可以寄天下。

《庄子·让王篇》 尧以天下让许由，许由不受。又让于子州支父，子州支父曰："以我为天子，犹之可也。虽然，我适有幽忧之病，方将治之，未暇治天下也。"夫天下，至重也；而不以害其生，又况他物乎？惟无以天下为者，可以托天下也。《吕氏春秋·仲春纪·贵生篇》略同。

《淮南子·道应训》 大王亶父居邠，翟人攻之，事之以皮帛珠玉而弗受。曰："翟人之所求者地；无以财物为也！"大王亶父曰："与人之兄居而杀其弟，与人之父处而杀其子，吾弗为。皆勉处矣！为吾臣与翟人奚以异？且吾闻之也，不以其所养害其养。"杖策而去，民相连而从之，遂成国于岐山之下。大王亶父可谓能保生矣。虽富贵，不以养伤身；虽贫贱，不以利累形。今受其先人之爵禄，则必重失之；生之所自来者久矣！而轻失之，岂不惑哉！故老子曰："贵以身为天下，焉可以托天下；爱以身为天下，焉可以寄天下矣。"《文子·上仁篇》无太王事，余略同。

十四章

视之不见名曰夷，听之不闻名曰希，搏之不得名曰微。此三者不可致诘，故混而为一。其上不皦，其下不昧，绳绳不可名，复归于无物。

是谓无状之状，无物之象。

《韩非子·解老篇》 人希见生象也，而得死象之骨，案其图以想其生也。故诸人之所以意想者，皆谓之象也。今道虽不可得闻见，圣人执其见功以处见其形，故曰："无状之状，无物之象。"

《淮南子·道应训》 田骈以道术说齐王，王应之曰："寡人所有，齐国也。道术难以除患，愿闻国之政。"田骈对曰："臣之言无政，而可以为政。譬之，若林木无材，而可以为材。愿王察其所谓，而自取齐国之政焉！已虽无除其患害，天地之间，六合之内，可陶冶而变化也。齐国之政，何足问哉！"此老聃之所谓"无状之状，无物之象"者也。若王之所问者，齐也；田骈所称者，材也。材不及林，林不及雨，雨不及阴阳，阴阳不及和，和不及道。又略见《文子·微明篇》。

是谓惚恍。迎之不见其首，随之不见其后，执古之道以御今之有，能知古始，是谓道纪。

十五章

古之善为士者，微妙玄通，深不可识。

夫唯不可识，故强为之容，豫焉若冬涉川，犹兮若畏四邻，俨兮其若容，涣兮若冰之将释，敦兮其若朴，旷兮其若谷，混兮其若浊。

《文子·上仁篇》 古之善为天下者，无为而无不为也。故为天下有容：能得其容，无为而有功；不得其容，动作必凶。为天下有容者，豫兮其若冬涉大川，犹兮其若畏四邻，俨兮其若容，涣兮其若冰之液，敦兮其若朴，混兮其若浊，广兮其若谷：此为天下容。豫兮其若冬涉大川者，不敢行也；犹兮其若畏四邻者，恐自伤也；俨兮其若容者，谦恭敬也；涣兮其若冰之液者，不敢积藏也；敦兮其若朴者，不敢廉成也；混兮其若浊者，不敢清明也；广兮其若谷者，不敢盛盈也。进不敢行者，退不敢先也；恐自伤者，守柔弱不敢矜也；谦恭敬者，自卑下，尊敬人也；不敢积藏者，自损弊不敢坚也；不敢廉成者，自亏缺，不敢全也；不敢清明者，处浊辱而不敢新鲜也；不敢盛盈者，见不足而不敢自贤也。夫道退，故能先；守柔弱，故能矜；自卑下，故能高；人自损弊，故实坚；自亏缺，故盛全；处浊辱，故新鲜；见不足，故能贤。道无为而无不为也。

孰能浊以止？静之徐清。孰能安以久？动之徐生。保此道者不欲盈。夫唯不盈，故能蔽不新成。

《淮南子·道应训》 孔子观桓公之庙，有器焉，谓之宥卮。孔子曰："善哉！予得见此器！"顾曰："弟子取水！"水至，灌之，其中则正，其盈则覆。孔子造然革容，曰，"善哉！持盈者乎！"子贡在侧，曰："请问持盈。"曰："益而损之。"曰："何谓益而损之?"曰："夫物盛而衰，乐极则悲；日中而移，月盈而亏。是故聪明睿智，守之以愚；多闻博辨，守之以陋；武力毅勇，守之以畏；富贵广大，守之以俭；德施天下，守之以让。此五者，先王所以守天下而弗失也。反此五者，未尝不危也。"故老子曰："服此道不欲盈。夫唯不盈，故能弊而不新成。"《文子·十守篇》文略同。

十六章

致虚极，守静笃；万物并作，吾以观其复。

《淮南子·道应训》 尹需学御三年而无得焉。私自苦痛，常寝想之。中夜，梦受秋驾于师。明日，往朝，师望而谓之曰："吾非爱道于子也；恐子不可予也。今日教子以秋驾。"尹需反走，北面再拜曰："臣有天幸，今夕固梦受之。"故老子曰："致虚极，守静笃；万物并作，吾以观其复也。"

《文子·道原篇》 老子曰：圣人忘乎治人而在乎自理，贵忘乎势位而在乎自得；自得，即天下得我矣。乐忘乎富贵而在乎和；知大己而小天下，几于道矣。故曰："致虚极也，守静笃也；万物并作，吾以观其复。"

夫物芸芸，各归其根。归根曰静，是谓复命。复命曰常，知常曰明。不知常，妄作，凶；知常，容，容乃公，公乃王，王乃天，天乃道，道乃久，没身

不殆。

十七章

太上，下知有之；

《韩非子·难三篇》 今有功者必赏，赏者不得君，力之所致也；有罪者必诛，诛者不怨上，罪之所生也。民知诛罚之皆起于身也，故习功利于业而不受赐于君。"太上，下智有之"，此言太上之下民无说也，安取怀惠之民？上君之民无利害，说以悦近来远，亦可舍已。

《淮南子·主术训》 是故得道者不为丑饰，不为伪善。一人被之而不褒；万人蒙之而不褊。是故重为惠若重为暴，则治道通矣。为惠者，尚布施也；无功而厚赏，无劳而高爵，则守职者懈于官，而游居者亟于进矣。为暴者，妄诛也；无罪者而死亡，行直而被刑，则修身者不劝善，而为邪者轻犯上矣。故为惠者生奸，而为暴者生乱。奸乱之俗，亡国之风。是故明主之治，国有诛者，而主无怒焉；朝有赏者，而君无与焉。诛者不怨君，罪之所当也；赏者不德上，功之所致也。民知诛赏之来皆在于身也，故务功修业，不受赣于君。是故朝廷芜而无迹，田野辟而无草。故太上下知有之。《文子·自然篇》文同。

其次亲而誉之；其次畏之；其次侮之。信不足，焉有不信焉！悠兮、其贵言！功成事遂，百姓皆谓我自然。

十八章

大道废，有仁义；慧智出，有大伪；六亲不和，有孝慈；

国家昏乱，有忠臣。

《淮南子·道应训》 魏文侯觞诸大夫于曲阳，饮酒酣，文侯喟然叹，曰："吾独无豫让以为臣乎！"蹇重举白而进之，曰："请浮君！"君曰："何也？"对曰："臣闻之，有命之父母，不知孝子；有道之君，不知忠臣。夫豫让之君，亦何如哉？"文侯受觞而饮，釂，不献，曰："无管仲、鲍叔以为臣，故有豫让之功。"故老子曰："国家昏乱，有忠臣。"

十九章

绝圣弃智，民利百倍；

《庄子·在宥篇》 昔者黄帝始以仁义撄人之心，尧舜于是乎股无胈胫无毛以养天下之形，愁其五藏以为仁义，矜其血气以规法度，然犹有不胜也。尧于是放讙兜于崇山，投三苗于三危，流共工于幽都，此不胜天下也夫！施及三王而天下大骇矣！下有桀跖，上有曾、史，而儒墨毕起。于是乎喜怒相疑，愚知相欺，善否相非，诞信相讥，而天下衰矣！大德不同，而性命烂漫矣！天下好知，而百姓求竭矣！于是乎斤锯制焉，绳墨杀焉，椎凿决焉。天下脊脊大乱，罪在撄人心。故贤者伏处大山嵁岩之下，而万乘之君忧慄乎庙堂之上。今世殊死者相枕也，桁杨者相推也，刑戮者相望也，而儒墨乃始离跂攘臂乎桎梏之间。意！甚矣哉！其无愧而不知耻也！甚矣！吾未知圣知之不为桁杨接槢也，仁义之不为桎梏凿枘也，焉知曾、史之不为桀、跖嚆矢也！故曰绝圣弃知而天下大治。

《淮南子·道应训》 跖之徒问跖曰："盗亦有道乎？"跖曰："奚适其有道也！夫意而中藏者，圣也；入先者，勇也；出后者，义也；分均者，仁也；知可否者，智也。五者不备而能成大盗者，天下无之。"由此观之，盗贼之心，必托圣人之道而后可行。故老子曰："绝圣弃智，民利百倍。"

《文子·道原篇》 见前一章"道可道"条。

绝仁弃义，民复孝慈；绝巧弃利，盗贼无有。此三者，以为文，不足，故令有所属。见素抱朴，少私寡欲。

二十章

绝学无忧。

《文子·道原篇》 见前一章"道可道"条。

《后汉书·范升传》 升上奏云："老子又曰'绝学无忧'，绝末学也。"

树达按：《升传》云：升习《梁丘》《易》《老子》，教授后生。

唯之与阿，相去几何？善之与恶，相年何若？人之所畏，不可不畏。

《淮南子·道应训》 成王问政于尹佚曰："吾何德之行而

民亲其上？"对曰："使之以时而敬顺之。"王曰："其度安至？"曰："'如临深渊，如履薄冰。'"王曰："惧哉王人乎！"尹佚曰："天地之间，四海之内，善之，则吾畜也；不善，则吾仇也。昔夏、商之臣反仇桀、纣而臣汤、武；宿沙之民皆自攻其君而归神农；此世之所明知也。如何其无惧也？"故老子曰："人之所畏，不可不畏也。"《文子·上仁篇》文略同，作文子问老子答。

荒兮其未央哉！众人熙熙，如享太牢，如登春台；我独泊兮其未兆，如婴儿之未孩；儽儽兮若无所归。众人皆有余，而我独若遗。我愚人之心也哉！沌沌兮！俗人昭昭，我独昏昏；俗人察察，我独闷闷；澹兮其若海，飂兮若无止；众人皆有以，而我独顽似鄙。我独异于人，而贵食母。

二十一章

孔德之容，惟道是从。

《牟子·理惑论》 威仪进止，与古之典礼无异，终日竟夜讲道诵经，不预世事。老子曰："孔德之容，惟道是从。"其斯之谓乎！

道之为物，惟恍惟惚。惚兮恍兮，其中有象；恍兮惚兮，其中有物。

窈兮冥兮，其中有精。其精甚真，其中有信。

《淮南子·道应训》 晋文公伐原，与大夫期三日。三日而原不降。文公令去之。军吏曰："原，不过一二日，将降矣。"

君曰："吾不知原三日而不可得下也，以与大夫期，尽而不罢，失信得原，吾弗为也。"原人闻之，曰："有君若此，可弗降也？"遂降。温人闻，亦请降。故老子曰："窈兮冥兮，其中有精。其精甚真，其中有信。"故"美言可以市尊；美行可以加人"。

自古及今，其名不去，以阅众甫。吾何以知众甫之状哉？以此。

二十二章

曲则全；枉则直。

《淮南子·道应训》 晋公子重耳出亡，过曹，无礼焉。釐负羁之妻谓釐负羁曰："君无礼于晋公子。吾观其从者皆贤人也。若以相夫子反晋国，必伐曹。子何不先加德焉？"釐负羁遗之壶飧而加璧焉。重耳受其飧而反其璧。及其反国，起师伐曹，克之。令三军无入釐负羁之里。故老子曰："曲则全；枉则直。"

洼则盈；敝则新。少则得；多则惑。是以圣人抱一以为天下式。不自见，故明；不自是，故彰；不自伐，故有功；不自矜，故长。

夫唯不争，故天下莫能与之争。

《淮南子·道应训》 赵简子死，未葬，中牟入齐。已葬五日，襄子起兵攻围之，未合，而城自坏者十丈。襄子击金而退之。军吏谏，曰："君诛中牟之罪而城自坏，是天助我，何故去之？"襄子曰："吾闻之叔向曰：君子不乘人于利，不迫人于险。使之治城，城治而后攻之。"中牟闻其义，乃请降。故老子曰："夫唯不争，故天下莫能与之争。"

《人物志·释争篇》 是故君子之求胜也，以推让为利锐，以自修为棚橹；静则闭嘿泯之玄门，动则由恭顺之通路。是以战胜而争不形，敌服而怨不构。若然者，悔悋不存于声色，夫何显争之有哉？彼显争者必自以为贤人，而人以为险诐者。实无险德，则无可毁之义；若信有险德，又何可与讼乎？险而与之讼，是柙兕而攖虎，其可乎？怒而害人亦必矣。《易》曰："险而违者讼，讼必有众起。"老子曰："夫唯不争，故天下莫能与之争。"

树达按今：《易》违作健。

古之所谓曲则全者，岂虚言哉？诚全而归之。

二十三章

希言自然。故飘风不终朝；骤雨不终日。孰为此者？天地。

天地尚不能久，而况于人乎？

《牟子·理惑论》 问曰："道家云尧、舜、周、孔七十二弟子皆不死。而仙佛家云：'人皆当死，莫能免。'何哉？"牟子曰："此妖妄之言，非圣人所语也。老子曰：'天地尚不得长久，而况人乎？'"

故从事于道者，道者同于道；

《淮南子·道应训》 大司马捶钩者年八十矣，而不失钩芒。大司马曰："子巧邪？有道邪？"曰："臣有守也。臣年二十，好捶钩；于物，无视也；非钩，无察也。"是以用之者必假于弗用也，而以长得其用。而况持无不用者乎？物孰不济焉？故老子曰："从事于道者同于道。"

德者同于德；失者同于失。同于道者，道亦乐得之；同于德者，德亦乐得之；同于失者，失亦乐得之。信不足，焉有不信焉。

二十四章

企者不立；跨者不行。自见者不明；自是者不彰。自伐者无功；自矜者不长。其在道也，曰：余食赘行。物或恶之。故有道者不处。

二十五章

有物混成，先天地生；寂兮寥兮，独立不改，周行而不殆，可以为天下母。吾不知其名，字之曰道，强为之名曰大。

张衡《灵宪》 太素之前，幽清玄静，寂寞冥默，不可为象，厥中惟无。如是者永久焉，斯谓溟涬，盖乃道之根也。道根既建，自无生有；太素始萌，萌而未兆，并气同色，浑沌不分。故《道志》之言云：有物浑成，先天地生。其气体固未可得而形，其迟速固未可得而纪也。如是者又永久焉，斯谓庞鸿，盖乃道之干也。道干既育，有物成体。于是元气剖判，刚柔始分，清浊异位，天成于外，地定于内。天体于阳，故圆以动；地体于阴，故平以静。动以行施，静以合化，堙郁构精，时育庶类，斯谓太玄，盖乃道之实也。

《文子·道原篇》 老子曰：有物混成，先天地生；惟象无形，窈窈冥冥，寂寥淡漠，不闻其声。吾强为之名，字之曰道。夫道者，高不可极，深不可测；苞裹天地，禀受无形；原流泏泏，冲而不盈。浊以静之徐清，施之无穷；无所朝夕，表之不盈一握。约而能张，幽而能明，柔而能刚，含阴吐阳而章三光。山以之高，渊以之深；兽以之走，鸟以之飞；麟以之游，凤以之翔；星历以之行。以亡取存，以卑取尊，以退取先。

《牟子·理惑论》 立事不失道德，犹调弦不失宫商。天道法四时，人道法无常。老子曰：有物混成，先天地生，可以为天下母。吾不知其名，强字之曰道。道之为物，居家可以事亲，宰国可以治民，独立可以治身。履而行之，充乎天地；废而不用，消而不离。

《列子·仲尼篇》注引何晏《无名论》 夏侯玄曰：天地以自然运，圣人以自然用。自然者，道也。道本无名，故老子曰："强为之名。"仲尼称尧荡荡无能名焉，下云巍巍成功；则强为之名，取世所知而称耳；岂有名而更当云无能名焉者邪！夫惟无名，故可得遍以天下之名名之；然岂其名也哉！

大曰逝，逝曰远，远曰反。

故道大，天大，地大，王亦大。域中有四大，而王居其一焉。

《淮南子·道应训》 甯越欲干齐桓公，困穷，无以自达，于是为商旅，将任车以商于齐。暮，宿于郭门之外。桓公郊迎客，夜开门，辟任车，爝火甚盛，从者甚众。甯越饭牛车下，望见桓公，而悲击牛角，而疾商歌。桓公闻之，抚其仆之手，曰："异哉！歌者，非常人也！"命后车载之。桓公反至，从者以请。桓公赣之衣冠而见之。甯越见，说以为天下。桓公大说，将任之。群臣争之，曰："客，卫人也。卫之去齐不远，君不若使人问之。问之而故贤者也，用之未晚。"桓公曰："不然。问之，患其有小恶也。以人之小恶而忘人之大美，此人主之所以失天下之士也。"凡听必有验，一听而弗复问，合其所以也。且人固难全也，权而用其长者而已矣。当是举也，桓公得之矣。故老子曰："天大，地大，道大，王亦大。域中有四大，而王处其一焉。"以言其能包裹之也。

人法地，地法天，天法道，道法自然。

二十六章

重为轻根，静为躁君。是以圣人终日行不离辎重。虽有荣观，燕处超然。奈何万乘之主而以身轻天下？轻则失本，躁则失君。

《韩非子·喻老篇》 制在己曰重，不离位曰静。重则能使轻，静则能使躁。故曰："重为轻根，静为躁君。"故曰："君子终日行不离辎重也。"邦者，人君之辎重也。主父生传其邦，此离其辎重者也。故虽有代云中之乐，超然已无赵矣。主父，万乘之主，而以身轻于天下。无势之谓轻，离位之谓躁，是以生幽而死。故曰："轻则失本，躁则失君。"主父之谓也。

二十七章

善行，无辙迹；善言，无瑕谪；善数，不用筹策；善闭，无关楗而不可开；善结，无绳约而不可解。

《淮南子·道应训》 秦皇帝得天下，恐不能守，发边戍，筑长城，修关梁，设障塞，具传车，置边吏。然刘氏夺之，若转闭锤。昔武王伐纣，破之牧野；乃封比干之墓，表商容之闾，柴箕子之门，朝成汤之庙，发巨桥之粟，散鹿台之钱；闭鼓折枹，弛弓绝弦，去舍露宿，以示平易；解剑带笏，以示无仇。于此天下歌谣而乐之；诸侯执币相朝，三十四世不夺。故老子曰："善闭者无关楗而不可开也；善结者无绳约而不可解也。"

《淮南子·说山训》 夫至巧不用剑，善闭者不用关楗。淳于髡之告失火者，此其类。

是以圣人常善救人，故无弃人；常善救物，故无弃物。是谓袭明。

《淮南子·道应训》 昔者公孙龙在赵之时，谓弟子曰："人而无能者，龙不能与游。"有客衣褐带索而见，曰："臣能呼。"公孙龙顾谓弟子曰："门下故有能呼者乎？"对曰："无有。"公孙龙曰："与之弟子之籍。"后数日，往说燕王，至于河上，而航在一泛。使善呼者呼之，一呼而航来。故曰："圣人之处世，不逆有伎能之士。"故老子曰："人无弃人，物无弃物，是谓袭明。"

《文子·自然篇》 故圣人举事，未尝不因其资而用之也。

有一功者处一位；有一能者服一事。力胜其任，即举者不重也；能称其事，即为者不难也。圣人兼而用之，故人无弃人，物无弃材。

故善人者，不善人之师；不善人者，善人之资。

《淮南子·道应训》 楚将子发好求技道之士。楚有善为偷者往见，曰："闻君求技道之士。臣，楚市偷也，愿以技赍一卒。"子发闻之，衣不给带，冠不暇正，出见而礼之。左右谏，曰："偷者，天下之盗也。何为礼之？"君曰："此非左右之所得与。"后无几何，齐兴兵伐楚，子发将师以当之，兵三却。楚贤良大夫皆尽其计而悉其诚，齐师愈强。于是市偷进，请曰："臣有薄技，愿为君行之。"子发曰："诺。"不问其辞而遣之。偷则夜出解齐将军之帱帐而献之。子发因使人归之，曰："卒有出薪者，得将军之帷，使归之于执事。"明夕，复往，取其枕。子发又使人归之。明夕，复往，取其簪。子发又使归之。齐师闻之，大骇。将军与军吏谋，曰："今日不去，楚军恐取吾头。"乃还师而去。故伎无细而能无薄，在人君用之耳。故老子曰："不善人，善人之资也。"

不贵其师，不爱其资，虽智，大迷。是谓要妙。

《韩非子·喻老篇》 周有玉版，纣令胶鬲索之，文王不予。费仲来求，因予之。是胶鬲贤而费仲无道也。周恶贤者之得志也，故予费仲。文王举太公于渭滨者，贵之也；而资费仲玉版者，是爱之也。故曰："不贵其师，不爱其资，虽知，大迷。是谓要妙。"

二十八章

知其雄，守其雌，为天下溪。为天下溪，常德不离，复归于婴儿。知其白，守其黑，为天下式。为天下式，常德不忒，复归于无极。知其荣，守其辱，为天下谷；

《庄子·天下篇》 以本为精，以物为粗，以有积为不足，澹然独与神明居，古之道术有在于是者，关尹、老聃闻其风而悦之。建之以常无有，主之以太一，以濡弱谦下为表，以空虚不毁万物为实。关尹曰："在己无居，形物自著。其动若水，其静若镜，其应若响；芴乎若亡，寂乎若清。同焉者和，得焉者失，未尝先人而常随人。"老聃曰："知其雄，守其雌，为天下谿；知其白，守其辱，为天下谷。"人皆取先，己独取后，曰受天下之垢；人皆取实，己独取虚，无藏也，故有余，岿然而有余。其行身也，徐而不费，无为也而笑巧；人皆求福，己独曲全，曰苟免于咎。以深为根，以约为纪，曰坚则毁矣，锐则挫矣。常宽容于物，不削于人，可谓至极。关尹、老聃乎！古之博大真人哉！

《淮南子·道应训》 赵简子以襄子为后。董阏于曰："无恤贱，今以为后，何也？"简子曰："是为人也，能为社稷忍羞。"异日，智伯与襄子饮，而批襄子之首，大夫请杀之。襄子曰："先君之立我也，曰：能为社稷忍羞，岂曰能刺人哉？"处十月，知伯围襄子于晋阳，襄子疏队而击之，大败知伯，破其首，以为饮器。故老子曰："知其雄，守其雌，为天下溪。"

《淮南子·道应训》　文王砥德修政三年，而天下二垂归之。纣闻而患之，曰："余夙兴夜寐与之竞行，则苦心劳形；纵而置之，恐伐余一人。"崇侯虎曰："周伯昌行仁义而善谋，太子发勇敢而不疑，中子旦恭俭而知时。若与之从，则不堪其殃；纵而赦之，身必危亡。冠虽弊，必加于头。及未成，请图之！"屈商乃拘文王于羑里。于是散宜生乃以千金求天下之珍怪，得驺虞鸡斯之乘，玄玉百珏，大贝百朋，玄豹黄罴青豻白虎文皮千合，以献于纣，因费仲而通。纣见而说之，乃免其身，杀牛而赐之。文王归，乃为玉门，筑灵台，相女童，击钟鼓，以待纣之失也。纣闻之，曰："周伯昌改道易行，吾无忧矣。"乃为炮烙，剖比干，剔孕妇，杀谏者。文王乃遂其谋。故老子曰："知其荣，守其辱，为天下谷。"

为天下谷，常德乃足，复归于朴。

朴散则为器，

《文子·下德篇》　老子曰：雷霆之声，可以钟鼓象也；风雨之变，可以音律知也。大可睹者，可得而量也；明可见者，可得而蔽也；声可闻者，可得而调也；色可察者，可得而别也。夫至大，天地不能函也；至微，神明不能领也。及至建律历，别五色，异清浊，味甘苦，即朴散而为器矣。

圣人用之，则为官长。

故大制不割。

《淮南子·道应训》　薄疑说卫嗣君以王术。嗣君应之曰："予所有者，千乘也，愿以受教。"薄疑对曰："乌获举千钧，又况一斤乎？"杜赫以安天下说周昭文君。昭文君谓杜赫曰："愿学所以安周。"赫对曰："臣之所言不可，而不能安周；臣之所言可,则周自安矣。"此所谓弗安而安者也。故老子曰:大制无割,故致数舆无舆也。

二十九章

将欲取天下而为之,吾见其不得已。

天下,神器,不可为也。为者败之,执者失之。

《淮南子·原道训》 是故不得于心而有经天下之气,是犹无耳而欲调钟鼓,无目而欲喜文章也,亦必不胜其任矣。故天下神器,不可为也。为者败之,执者失之。夫许由小天下而不以己易尧者,志遗于天下也。所以然者,何也?因天下而为天下也。天下之要,不在于彼,而在于我;不在于人,而在于我身。身得,则万物备矣。

《文子·道德篇》 文子问曰:"古之王者以道莅天下,为之奈何?"老子曰:"执一无为,因天地与之变化。天下,大器也;不可执也,不可为也;为者败之,执者失之。"执者,见小也;见小,故不能成其大也。无为者,守静也;守静能为天下正。

故物或行或随,或歔或吹,或强或羸,或挫或隳。是以圣人去甚,去奢,去泰。

《韩非子·外储说》左下 季孙好士,终身庄,居处衣服,常如朝廷。而季孙适懈,有过失,而不能长为也,故客以为厌易己,相与怨之,遂杀季孙。故君子去泰去甚。

三十章

以道佐人主者,不以兵强天下,其事好还。

师之所处,荆棘生焉。

《汉书·严助传》 淮南王安上书云:"臣闻长老言:秦之时,尝使尉屠睢击越,又使监禄凿渠通道。越人逃入深山林丛,不可得攻。留军屯守空地,旷日持久,士卒劳倦,越乃出击之。秦兵大破,乃发适戍以备之。当此之时,外内骚动,百姓靡敝,行者不还,往者莫反,皆不聊生,亡逃相从,群为盗贼,于是山东之难始兴。此老子所谓师之所处,荆棘生之者也。"

大军之后,必有凶年。

《汉书·严助传》 淮南王安上书云:"臣闻军旅之后,必有凶年,言民之各以其愁苦之气,薄阴阳之和,感天地之精,而灾气为之生也。"

《汉书·魏相传》 相上书云:"军旅之后,必有凶年;言民以其愁苦之气伤阴阳之和也。出兵虽胜,犹有后忧。"

善有果而已,不敢以取强。果而勿矜,果而勿伐,果而勿骄。果而不得已,果而勿强。

物壮则老,是谓不道,不道早已。

《牟子·理惑论》 见后五十五章。

三十一章

夫佳兵者,不祥之器,物或恶之,故有道者不处。

君子居则贵左，用兵则贵右。兵者，不祥之器，非君子之器。不得已而用之，恬淡为上，胜而不美。而美之者，是乐杀人。夫乐杀人者，则不可以得志于天下矣。吉事尚左，凶事尚右。偏将军居左，上将军居右，言以丧礼处之。杀人之众，以哀悲泣之，战胜，以丧礼处之。

《文子·微明篇》 起师十万，日费千金。师旅之后，必有凶年。故兵者，不祥之器也，非君子之宝也。和大怨必有余怨，奈何其为不善也！

《文子·上仁篇》 夫欲名之大而求之争之，吾见其不得已。而虽执而得之，不留也。夫名不可求而得也；在天下与之；与之者归之，天下所归德也。故云：上德者天下归之；上仁者海内归之；上义者一国归之；上礼者一乡归之。无此四者，民不归也。不归，用兵，即危道也。故曰：兵者，不祥之器。不得已而用之，杀伤人，胜而勿美。故曰：死地荆棘生焉。以悲哀泣之，以丧礼居之。是以君子务于道德，不重用兵也。

三十二章

道常无名。朴虽小，天下莫能臣也。侯王若能守之，万物将自宾。天地相合以降甘露，民莫之令而自均。始制有名，名亦既有，夫亦将知止。知止可以不殆。

譬道之在天下，犹川谷之于江海。

《文子·上仁篇》 古之为君者，深行之谓之道德；浅行之谓之仁义；薄行之谓之礼智。此六者，国家之纲维也。深行之则厚得福；浅行之则薄得福，尽行之，天下服。古者，修道德即正天下；修仁义即正一国；修礼智即正一乡。德厚者大，德薄者小。故位不以雄武立，不以坚强胜，不以贪竞得。立在天下推己，胜在天下自服，得在天下与之，不在于自取。故雌牝即立，柔弱即胜，仁义即得，不争即莫能与之争。故道之在于天下也，譬犹江海也。

三十三章

知人者智，自知者明。

《韩非子·喻老篇》 楚庄王欲伐越。庄子谏曰："王之伐越，何也？"曰："政乱兵弱。"庄子曰："臣患智之如目也，能见百步之外，而不能自见其睫。王之兵自败于秦晋，丧地数百里；此兵之弱也。庄蹻为盗于境内，而吏不能禁；此政之乱也。王之弱乱，非越之下也，而欲伐越，此智之如目也。"王乃止。故知之难，不在见人，在自见。故曰："自见之谓明。"

胜人者有力，自胜者强。

《韩非子·喻老篇》 子夏见曾子，曾子曰："何肥也？"对曰："战胜，故肥也。"曾子曰："何谓也？"子夏曰："吾入见先王之义，则荣之；出见富贵之乐，又荣之。两者战于胸中，未知胜负，故臞。今先王之义胜，故肥。"是以志之难也，不在胜人，在自胜也。故曰："自胜之谓强。"

《文子·下德篇》 老子曰："胜人者有力，自胜者强。"能强者，必用人力者也；能用人力者，必得人心者也；能得人心者,必自得者也。未有得己而失人者也;未有失己而得人者也。

知足者富,强行者有志,不失其所者久,死而不亡者寿。

三十四章

大道泛兮其可左右。万物恃之而生而不辞,功成不名有。衣养万物而不为主。常无欲,可名于小;万物归焉而不为主,可名为大。以其终不自为大,故能成其大。

三十五章

执大象,天下往。往而不害,安平太。乐与饵,过客止。

道之出口,淡乎其无味,视之不足见,听之不足闻,用之不足既。

《文子·道德篇》 文子问曰:"王者得其欢心,为之奈何?"老子曰:若江海即是也。淡兮无味,用之不既,先小而后大。

《文子·道原篇》 清静者,德之至也;柔弱者,道之用也;虚无恬愉者,万物之祖也。三者行,则沦于无形。无形者,一之谓也。一者,无匹合于天下也。布德不溉,用之不勤,视之不见,听之不闻。

三十六章

将欲歙之,必固张之;将欲弱之,必固强之;将欲废之,必固兴之;将欲夺之,必固与之。是谓微明,柔弱胜刚强。

《韩非子·喻老篇》 越王入宦于吴,而观之伐齐以弊吴。吴兵既胜齐人于艾陵,张之于江、济,强之于黄池,故可制于五湖。故曰:"将欲禽之,必固张之;将欲弱之,必固强之。"晋献公将欲袭虞,遗之以璧马;知伯将袭仇由,遗之以广车。故曰:"将欲取之,必固与之。"起事于无形,而要大功于天下。故曰:"是谓微明。"处小弱而重自卑,谓损弱胜强也。

《蜀志·许靖传》 注引《山阳公载记》 建安十七年,汉立皇子熙为济阴王,懿为山阳王,敦为东海王。靖闻之,曰:"将欲歙之,必固张之;将欲取之,必固与之。"其孟德之谓乎!

鱼不可脱于渊;国之利器,不可以示人。

《庄子·胠箧篇》 夫川竭而谷虚,丘夷而渊实;圣人已死,则大盗不起,天下平而无故矣;圣人不死,大盗不止;虽重圣人而治天下,则是重利盗跖也。为之斗斛以量之,则并与斗斛而窃之;为之权衡以称之,则并与权衡而窃之;为之符玺以信之,则并与符玺而窃之;为之仁义以矫之,则并与仁义而窃之。何以知其然耶?彼窃钩者诛,窃国者为诸侯,诸侯之门而仁义存焉;则是非窃仁义圣知邪?故逐于大盗,揭诸侯,窃仁义,并斗斛权衡符玺之利者,虽有轩冕之赏弗能劝,斧钺之威弗能禁。此重利盗贼而使不可禁者，是乃圣人之过也。故曰："鱼不可脱于渊；国之利器，不可以示人。"彼圣人者，天下之利器也，非所以明天下也。

《韩非子·喻老篇》 势重者，人君之渊也。君人者势重于人臣之间，失则不可复得也。简公失之于田成，晋公失之于六卿，而邦亡身死。故曰："鱼不可脱于渊。"赏罚者，邦之利器也，在君则制臣，在臣则胜君。君见赏，臣则损之以为德；君见罚，臣则益之以为威。人君见赏而人臣用其势；人君见罚而人臣乘其威。故曰："邦之利器，不可以示人。"

《韩非子·六微篇》 势重者，人主之渊也；臣者，势重之鱼也。鱼失于渊而不可复得也；人主失其势重于臣而不可复收也。古之人难正言，故托之于鱼。赏罚者，利器也。君操之以制臣，臣得之以拥主。故君先见所赏，则臣鬻之以为德；君先见所罚，则臣鬻之以为威。故曰："国之利器，不可以示人。"

《淮南子·道应训》 昔者司城子罕相宋，谓宋君曰："夫国家之安危，百姓之治乱，在君行赏罚。夫爵赏赐予，民之所好也；君自行之。杀戮刑罚，民之所怨也；臣请当之。"宋君曰："善！寡人当其美，子受其怨。寡人自知不为诸侯笑矣。"国人皆知杀戮之专制在子罕也，大臣亲之，百姓畏之。居不至期年，子罕遂劫宋君而专其政。故老子曰："鱼不可脱于渊；国之利器，不可以示人。"《韩诗外传》七、《说苑·君道篇》文略同。

《后汉书·翟酺传》 今外戚宠幸，功均造化，汉元以来，未有等比。陛下诚仁恩周洽以亲九族；然禄去公室，政移私门；覆车重寻，宁无摧折？而朝臣在位，莫肯正议，翕翕訾訾，更相佐附。臣恐威权外假，归之良难；虎翼一奋，卒不可制。故孔子曰："吐珠于泽，谁能不含？"老子称"国之利器，不可以示人"。此最安危之极戒，社稷之深计也。

树达按：《酺传》云：酺好《老子》。

《蜀志·许靖传》注引《益州耆旧传》　初，韩遂与马腾作乱关中，数与璋父焉交通信至；腾子超复与璋相闻，有连蜀之意。王商谓璋曰："超，勇而不仁，见得不思义，不可以为唇齿。老子曰：'国之利器，不可以示人。'今之益部，土美民丰，宝物所出，斯乃狡夫所欲倾覆，超等所以西望也。若引而近之，则由养虎，将自遗患矣。"

三十七章

道常无为而无不为。

《文子·上仁篇》　夫道退，故能先；守柔弱，故能矜；自卑下，故能高人；自损弊，故实坚；自亏缺，故盛全；处浊辱，故新鲜；见不足，故能贤。道无为而无不为也。

侯王若能守之，万物将自化。化而欲作，吾将镇之以无名之朴。

《淮南子·道应训》　武王问太公曰："寡人伐纣天下，是臣杀其主而下伐其上也。吾恐后世之用兵不休，斗争不已：为之奈何？"太公曰："甚善！王之问也。夫未得兽者，唯恐其创之小也；已得之，唯恐伤肉之多也。王若欲久持之，则塞民于兑，道令为无用之事，烦扰之教。彼皆乐其业，供其情，昭昭而道冥冥，于是乃去其瞀而载之木；解其剑而带之笏；为三年之丧，令类不蕃；高辞卑让，使民不争。酒肉以通之，竽瑟以娱之；鬼神以畏之；繁文滋礼以拿其质；厚葬久丧以亶其家；含珠鳞，施纶组，以贫其财；深凿高垄以尽其力。家贫族少，虑患者贫；以此移风，可以持天下弗失。"故老子曰："化而欲作，吾将镇之以无名之朴也。"

无名之朴，夫亦将无欲；不欲以静，天下将自定。

老子古义卷中

三十八章

上德不德,是以有德;下德不失德,是以无德。

《韩非子·解老篇》 德者,内也;得者,外也。上德不德,言其神不淫于外也。神不淫于外,则身全;身全之谓德。德者,得身也。凡德者,以无为集,以无欲成,以不思安,以不用固。为之欲之,则德无舍;德无舍则不全。用之思之则不固,不固则无功,无功则生有德,德则无德,不德则有德。故曰:"上德不德,是以有德。"

《新语·思务篇》 君子行之于幽闲,小人厉之于士众。老子曰:"上德不德,□□□□"□□虚也。按:《新语》原书缺六字,上四字当是"是以有德"四字。

《文子·上德篇》 天覆万物,施其德而养之,与而不取,故精神归焉。与而不取者,上德也;是以有德。地载万物而长之,与而取之,故骨骸归焉。与而取者,下德也。下德不失德，是以无德。

《史记·酷吏传》 孔子曰："导之以政，齐之以刑，民免而无耻；导之以德，齐之以礼，有耻且格。"老氏称："上德不德，是以有德；下德不失德，是以无德。法令滋章，盗贼多有。"太史公曰："信哉！是言也！法令者，治之具，而非制治清浊之源也。昔天下之网尝密矣！然奸伪萌起，其极也，上下相遁，至于不振。当是之时，吏治若救火扬沸。非武健严酷，恶能胜其任而愉快乎？言道德者，溺其职矣。故曰听讼吾犹人也，必也使无讼乎。""下士闻道大笑之"，非虚言也。

《史记·日者传》 司马季主曰："且夫卜筮者，扫除设坐，正其冠带，然后乃言事：此有礼也。言而鬼神或以飨，忠臣以事其上，孝子以养其亲，慈父以畜其子：此有德者也。而以义置数十百钱，病者或以愈，且死或以生，患或以免，事或以成，嫁子娶妇，或以养生。此之为德，岂直数十百钱哉？此夫老子所谓'上德不德，是以有德'。"今夫卜筮者，利大而谢少，老子之云，岂异于是乎？

《孔丛子·杂训篇》 县子问子思曰："吾闻同声者相好。子之先君，子产时则兄事之；而世谓子产仁爱，称夫子圣人：是谓圣道事仁爱乎？吾未谕其人之孰先后也，故质于子。"子思曰："然，子之问也。昔季孙问子游，亦若子之言也。子游答曰：'以子产之仁爱譬夫子，其犹浸水之与膏雨乎！'康子曰：'子产死，郑人丈夫含玦珮，妇女舍珠瑱，巷哭三月，竽瑟不作。夫子之死也，吾未闻鲁人之若是也。奚故哉？'子游曰：'夫浸水之所及也，则生；其所不及，则死。故民皆知焉。膏雨之所生也，广莫大焉；民之受赐也普矣，莫识其由来者。上德不德，是以无德。'季孙曰：'善。'"县子曰："其然。"

《牟子·理惑论》 老子云："上德不德，是以有德；下德不失德，是以无德。"三皇之时，食肉衣皮，巢居穴处，以崇质朴，岂复须章黼之冠，曲裘之饰哉！然其人称有德，而孰疣之。

上德，无为而无以为；

《韩非子·解老篇》 所以贵无为无思为虚者，谓其意无所制也。夫无术者，故以无为无思为虚也。夫故以无为无思为虚者，其意常不忘虚，是制于为虚也。虚者，谓其意无所制也。今制于为虚，是不虚也。虚者之无为也，不以无为为有常。不以无为为有常，则虚；虚则德盛；德盛之谓上德。故曰："上德，无为而无不为也。"

下德，为之而有以为；

上仁，为之而无以为；

《韩非子·解老篇》 仁者，谓其中心欣然爱人也。其喜人之有福而恶人之有祸也。生心之所不能已也，非求其报也。故曰："上仁，为之而无以为也。"

上义，为之而有以为；

《韩非子·解老篇》 义者，君臣上下之事，父子贵贱之差也，知交朋友之接也，亲疏内外之分也。臣事君，宜；下怀上，宜；子事父，宜；贱敬贵，宜；知交友朋之相助也，宜；亲者内而疏者外，宜。义者，谓其宜也。宜而为之，故曰："上义，为之而有以为也。"

上礼，为之而莫之应，则攘臂而扔之。

《韩非子·解老篇》 礼者，所以貌情也，群义之文章也，君臣父子之交也，贵贱贤不肖之所以别也。中心怀而不谕，故疾趋卑拜以明之。实心爱而不知，故好言繁辞以信之。礼者，外貌之所以谕内也。故曰："礼以貌情也。"凡人之为外物动也，不知其为身之礼也；众人之为礼也，以尊他人也，故时劝时衰。君子之为礼，以为其身，以为其身，故神之为上礼。上礼神而众人贰，故不能相应。不能相应，故曰："上礼，为之而莫之应。"众人虽贰，圣人之复恭敬尽手足之礼也不衰，故曰："攘臂而仍之。"

故失道而后德，失德而后仁，失仁而后义，失义而后礼。

《庄子·知北游篇》 道不可致，德不可至。仁可为也，义可亏也，礼相伪也。故曰："失道而后德，失德而后仁，失仁而后义，失义而后礼。礼者，道之华而乱之首也。"故曰："为道者日损，损之又损，以至于无为，无为而无不为也。"今已为物也，欲复归根，不亦难乎？其易也，其唯大人乎！

《韩非子·解老篇》 道有积而积有功；德者，道之功。功有实而实有光；仁者，德之光。光有泽而泽有事；义者，仁之事也。事有礼而礼有文；礼者，义之文也。故曰："失道而后德，失德而后仁，失仁而后义，失义而后礼。"

夫礼者，忠信之薄，而乱之首；

《韩非子·解老篇》 礼，为情貌者也；文，为质饰者也。夫君子取情而去貌，好质而恶饰。夫恃貌而论情者，其情恶也；须饰而论质者，其质衰也。何以论之？和氏之璧，不饰以五采；隋侯之珠，不饰以银黄。其质至美，物不足以饰之。夫物之待饰而后行者，其质不美也。是以父子之间，其礼朴而不明，故曰："礼薄也。"凡物不并盛，阴阳是也；理相夺予，威德是也；实厚者貌薄，父子之礼是也。由是观之，礼繁者，实心衰也。然则为礼者，事通人之朴心者也。众人之为礼也，人应则轻欢，不应则责怨。今为礼者事通人之朴心，而资之以相责之分，能毋争乎？有争则乱。故曰："夫礼者，忠信之薄也，而乱之首乎！"

前识者，道之华而愚之始。

《韩书非子·解老篇》 先物行先理动之谓前识。前识者，无缘而忘意度也。何以论之？詹何坐，弟子侍，有牛鸣于门外，弟子曰："是黑牛也，而白在其题。"詹何曰："然。是黑牛也，而白在其角。"使人视之，果黑牛而以布裹其角。以詹子之术，婴众人之心，华焉，殆矣。故曰："道之华也。"尝试释詹子之察，而使五尺之愚童子视之，亦知其黑牛而以布裹其角。故以詹子之察，苦心伤神，而后与五尺之愚童子同功，是以曰愚之首也。故曰："前识者，道之华也，而愚之首也。"

是以大丈夫处其厚不居其薄，处其实不居其华，故去彼取此。

《韩非子·解老篇》 所谓大丈夫者，谓其智之大也。所谓处其厚不处其薄者，行情实而去礼貌也。所谓处其实不处其华者，必缘理，不径绝也。所谓去彼取此者，去礼貌径绝，而取缘理，好情实也。故曰："去彼取此。"

《潜夫论·释难篇》 耕种，生之本也；学问，业之末也。老聃有言："大丈夫处其实不居其华。"

《后汉书·朱穆传》 穆作《崇厚论》云："故夫天不崇大，则覆帱不广；地不深厚，则载物不博；人不敦庞，则道数不远。昔在仲尼不失旧于原壤，楚严不忍章于绝缨，由此观之，圣贤之德敦矣。老氏之经曰：'大丈夫处其厚不处其薄，居其实不居其华，故去彼取此。'"

《文子·上仁篇》 文子问仁义礼何以为薄于道德也？老子曰：为仁者必以哀乐论之，为义者必以取与明之。四海之内，哀乐不能遍；竭府库之财货，不足以赡万民；故知不如修道而行德。因天地之性，万物自正而天下赡，仁义因附。是以大丈夫居其厚不居其薄。

三十九章

昔之得一者：天得一以清，地得一以宁，神得一以灵，谷得一以盈，万物得一以生，侯王得一以为天下贞。其致之，天无以清，将恐裂；地无以宁，将恐发；神无以灵，将恐歇；谷无以盈，将恐竭；万物无以生，将恐灭；侯王无以贵高，将恐蹶。

故贵以贱为本，高以下为基。是以侯王自谓孤寡不谷。此非以贱为本邪？非乎？

《战国策·齐策四》 颜触曰："是以尧有九佐，舜有七友，禹有五丞，汤有三辅，自古及今而能虚成名于天下者无有。是以君王无羞亟问，不愧下学，是故成其道德而扬功名于后世者，尧、舜、禹、汤、周文王是也。故曰：'无形者，形之君也；无端者，事之本也。'夫上见其原，下通其流，至圣人明学，何不吉之有哉！老子曰：'虽贵必以贱为本，虽高必以下为基。是以侯王称孤寡不谷，是其贱之本欤！非夫？'孤寡者，人之困贱下位也，而侯王以自谓，岂非下人而尊贵士与？"

《淮南子·道应训》　狐邱丈人谓孙叔敖曰："人有三怨，子知之乎？"孙叔敖曰："何谓也？"对曰："爵高者，士妒之；官大者，主恶之；禄厚者，怨处之。"孙叔敖曰："吾爵益高，吾志益下；吾官益大，吾心益小；吾禄益厚，吾施益博。以是免三怨，可乎？"故老子曰："贵必以贱为本，高必以下为基。"《文子·符言篇》文略同，作老子语。

《淮南子·原道训》　故得道者，志弱而事强，心虚而应当。所谓志弱而事强者，柔毳安静，藏于不敢，行于不能，恬然无虑，动不失时，与万物回周旋转，不为先唱，感而应之。是故"贵者必以贱为号，而高者必以下为基"。《文子·道原篇》文略同。

《文子·道原篇》　夫道，有无相生也，难易相成也。是以圣人执道，虚静微妙，以成其德。故有道即有德，有德即有功，有功即有名，有名即复归于道。功名长久，终身无咎。王公有功名，孤寡无功名。故曰：圣人自谓孤寡。

故致数舆无舆。

《淮南子·道应训》　文见廿八章"故大制不割"条下。

不欲琭琭如玉，珞珞如石。

《文子·符言篇》　老子曰：无为名尸，无为谋府，无为事任，无为智主。藏于无形，行于无怠。不为福先，不为祸始。始于无形，动于不得已。欲福，先无祸；欲利，先远害。故求为宁者，失其所宁，即危；求为治者，失其所治，则乱。故不欲琭琭如玉，落落如石。

四十章

反者,道之动;弱者,道之用。

《文子·道原篇》 柔弱者,道之用也;反者,道之常也。柔者,道之刚也;弱者,道之强也。

天下万物生于有,有生于无。

《淮南子·原道训》 无形而有形生焉;无声而五音鸣焉;无味而五味形焉;无色而五色成焉。是故有生于无,实出于虚。《文子·道原篇》文同。

四十一章

上士闻道,勤而行之;中士闻道,若存若亡;下士闻道,大笑之。

《史记·酷吏传》 文见前三十八章"上德不德"下。

《牟子·理惑论》 夫陈俎豆于垒门,建旌旗于朝堂,衣狐裘以当蕤宾,被絺绤以御黄钟,非不丽也,乖其处,非其时也。故持孔子之术,入商鞅之门,赍孟轲之说,诣苏、张之庭,功无分寸,过有丈尺矣。老子曰:"上士闻道,勤而行之;中士闻道,若存若亡;下士闻道,大而笑之。"

树达按:此引《老子》大下有而字,足证今本之误。

不笑,不足以为道。故建言有之:明道若昧,进道若退。夷道若纇,上德若谷,

大白若辱,广德若不足。

《庄子·寓言篇》　阳子居南之沛，老聃西游于秦，邀于郊，至于梁而遇老子。老子中道仰天而叹，曰："始以汝为可教，今不可也。"阳子居不答。至舍，进盥漱巾栉，脱履户外，膝行而前，曰："向者弟子欲请夫子，夫子行不闲，是以不敢。今闲矣，请问其过。"老子曰："而睢睢盱盱，而谁与居？大白若辱，盛德若不足。"阳子居蹴然变容，曰："敬闻命矣！"其往也，舍者迎将其家，公执席，妻执巾栉；舍者避席，炀者避灶。其反也，舍者与之争席矣。《列子·黄帝篇》文大同。

《淮南子·说林训》　旳旳者获，提提者射。故"大白若辱，大德若不足"。《文子·上德篇》文略同。

建德若偷；质真若渝。大方无隅；

大器晚成；大音希声；

《韩非子·喻老篇》　楚庄王莅政三年，无令发，无政为也。右司马御座而与王隐，曰："有鸟止南方之阜，三年不翅，不飞，不鸣，嘿然无声；此为何名？"王曰："三年不翅，将以长羽翼；不飞不鸣，将以观民。则虽无飞，飞必冲天；虽无鸣，鸣必惊人。子释之，不谷知之矣。"处半年，乃自听政。所废者十，所起者九，诛大臣五，举处士六，而邦大治。举兵诛齐，败之徐州；胜晋于河雍；合诸侯于宋，遂霸天下。庄王不为小善，故有大名；不蚤见示，故有大功。故曰："大器晚成，大音希声。"

《吕氏春秋·先识览·乐成篇》　大智不形，大器晚成，大音希声。禹之决江水也，民聚瓦砾；事已成，功已立，为万世利；禹之所见者远也，而民莫之知。故民不可与虑化举始，而可以乐成功。孔子始用于鲁，鲁人鹥诵之，曰："麛裘而鞞，投之无戾；鞞而麛裘，投之无邮。"用三年，男子行乎涂右，女子行乎涂左。财物之遗者，民莫之举。大智之用，固难逾也。子产始治郑，使田有封洫，都鄙有服。民相与诵之，曰："我有田畴，而子产赋之；我有衣冠，而子产贮之。孰杀子产，吾其与之。"后三年，民又诵之，曰："我有田畴，而子产殖之；我有子弟，而子产诲之。子产若死，其使谁嗣之？"使郑简、鲁哀当民之诽誉也，而因弗遂用，则国必无功矣；子产、孔子必无能矣。

《后汉书·郎𫖮传》 𫖮上书云："琼入朝日浅，谋谟未就，因以丧病，致命遂志。老子曰：'大音希声，大器晚成。'善人为国，三年乃立。"天下莫不嘉朝廷有此良人，而复怪其不时还任。

《魏志·崔琰传》 琰从弟林，少无名望，虽姻族犹多轻之。而琰常曰："此所谓'大器晚成'者也，终必远至。"

大象无形。道隐无名，夫唯道善贷且成。

四十二章

道生一，一生二，二生三，三生万物。万物负阴而抱阳，冲气以为和。

《淮南子·精神训》 夫精神者，所受于天也；而形体者，所禀于地也。故曰："一生二，二生三，三生万物。万物背阴而抱阳，冲气以为和。"故曰："一月而膏，二月而胅，三月而胎，四月而肌，五月而筋，六月而骨，七月而成，八月而动，九月而躁，十月而生。"形体以成，五藏乃形。《文子·十守篇》文略同。

《淮南子·天文训》 道始于一，一而不生，故分而为阴阳。阴阳合和而万物生。故曰:"一生二,二生三,三生万物。"天地三月而为一时,故祭祀三饭以为礼,丧纪三踊以为节,兵重三罕以为制。

《文子·上德篇》 万物负阴而抱阳,冲气以为和。和居中央,是以木实生于心,草实生于荚,卵胎生于中央。不卵不胎,生而须时。

人之所恶,唯孤寡不谷,而王公以为称。故物,或损之而益,或益之而损。

《淮南子·人间训》 故物或损之而益,或益之而损。何以知其然也?昔者楚庄王既胜晋于河、雍之间,归而封孙叔敖,辞而不受。病且死,谓其子曰:"吾则死矣,王必封女。女必让肥饶之地,而受沙石之地。楚、越之间有寝之丘者,其地确而名丑,荆人鬼,越人禨,人莫之利也。"孙叔敖死,王果封其子以肥饶之地。其子辞而不受,请有寝之丘。楚国之俗,功臣二世而爵禄,惟孙叔敖独存:此所谓损之而益也。何谓益之而损?昔晋厉公南伐楚,东伐齐,西伐秦,北伐燕,兵横行天下而无所绱;威服四方而无所诎。遂合诸侯于嘉陵,气充志骄,淫侈无度,暴虐万民。内无辅拂之臣,外无诸侯之助;戮杀大臣,亲近导谀。明年,出游匠骊氏,栾书中行偃劫而幽之,诸侯莫之救,百姓莫之哀,三月而死。夫战胜攻取,地广而名尊,此天下之所愿也。然而终于身死国亡:此所谓益之而损者也。夫孙叔敖之请有寝之丘沙石之地,所以累世不夺也;晋厉公之合诸侯于嘉陵,所以身死于匠骊氏也。

《文子·符言篇》 老子曰:道者,守其所已有,不求其所未得。求其所未得,即所有者亡;循其所已有,即所欲者至。治未固于不乱,而事为治者必危;行未免于无非,而急求名者必挫。故福莫大于无祸，利莫大于不丧。故物或益之而损，损之而益。

《文子·符言篇》 老子曰：德少而宠多者讥，才下而位高者危，无大功而有厚禄者微。故物或益之而损，或损之而益。

人之所教，我亦教之。强梁者不得其死，吾将以为教父。

四十三章

天下之至柔，驰骋天下之至坚，无有入无间，吾是以知无为之有益。

《淮南子·原道训》 天下之物，莫柔弱于水。然而大不可极，深不可测，修极于无穷，远沦于无涯，息耗减益，通于不訾；上天则为雨露，下地则为润泽；万物弗得不生，百事不得不成；大包群生而无好憎，泽及跂蛲而不求报，富赡天下而不既，德施百姓而不费；行而不可得穷极也，微而不可得把握也；击之无创，刺之不伤，斩之不断，焚之不然，淖溺流通错缪相纷而不可靡散；利贯金石，强济天下，动溶无形之域，而翱翔忽区之下；遭回川谷之间，而滔腾大荒之野；有余不足，与天地取与，授万物而无所前后；是故无所私而无所公，靡滥振荡，与天地鸿洞；无所左而无所右，蟠委错紾，与万物始终：是谓至德。夫水所以能成其至德于天下者，以其淖溺润滑也。故老聃之言曰："天下至柔，驰骋天下之至坚；出于无有，入于无间；吾是以知无为之有益。"《文子·道原篇》文略同。

《淮南子·道应训》 罔两问于景曰："昭昭者，神明也？"

景曰："非也。"罔两曰："子何以知之？"景曰："扶桑受谢，日照宇宙；昭昭之光，辉烛四海。阖户塞牖，则无由入矣。若神明，四通并流，无所不及；上际于天，下蟠于地，化育万物而不可为象，俯仰之间而抚四海之外。昭昭何足以明之！故老子曰：'天下之至柔，驰骋天下之至坚。'"光耀问于无有曰："子果有乎？其果无有乎？"无有弗应也。光耀不得问而熟视其状貌。冥然忽然，视之不见其形，听之不闻其声，搏之不可得，望之不可极也。光耀曰："贵矣哉！孰能至于此乎！予能有无矣，未能无无也。及其为无无，又何从至于此哉！"故老子曰："无有入于无间，吾是以知无为之有益也。"

《文子·自然篇》 天地之道，无为而备，无求而得。是以知其无为而有益也。

《说苑·敬慎篇》 韩平子问于叔向曰："刚与柔孰坚？"对曰："臣年八十矣，齿再堕而舌尚存。老聃有言曰：'天下之至柔，驰骋乎天下之至坚。'又曰：'人之生也柔弱，其死也刚强；万物草木之生也柔脆，其死也枯槁。因此观之，柔弱者，生之徒也；刚强者，死之徒也。'夫生者毁而必复，死者破而愈亡；吾是以知柔之坚于刚也。"平子曰："善哉！然则子之行何从？"叔向曰："臣亦柔耳！何以刚为？"平子曰："柔无乃脆乎？"叔向曰："柔者，纽而不折，廉而不缺，何为脆也？天之道，微者胜，是以两军相加，而柔者克之；两仇争利，而弱者得焉。"

　　树达按：《汉书·艺文志》有刘向《说老子》四篇。

不言之教，无为之益，天下希及之。

《文子·精诚篇》 圣人在上，怀道而不言，泽及万民。故不言之教，芒乎大哉。

四十四章

名与身孰亲？身与货孰多？得与亡孰病？是故甚爱必大费，多藏必厚亡。知足不辱，知止不殆，可以长久。

《韩非子·六反篇》 老聃有言曰："知足不辱，知止不殆。"夫以殆辱之故而不求于足之外者，老聃也。今以为足民而可以治，是以民为皆如老聃也。故桀贵在天子而不足于尊，富有四海之内而不足于宝，君人者虽足民，不能足使为天子，而桀未必以天子为足也。则虽足民，何可以为治也。

《韩诗外传》九 贤士不以耻食，不以辱得。老子曰："名与身孰亲？身与货孰多？得与亡孰病？是故甚爱必大费，多藏必厚亡。知足不辱，知止不殆，可以长久。大成若缺，其用不敝；大盈若冲，其用不穷；大直若诎，大辩若讷，大巧若拙，其用不屈。罪莫大于多欲，祸莫大于不知足，故知足之足常足矣。"

《淮南子·道应训》 文见前七章"是以圣人后其身而身先"条下。

《淮南子·人间训》 昔者智伯骄，伐范中行而克之，又劫韩魏之君而割其地。尚以为未足，遂兴兵伐赵。韩魏反之。军败晋阳之下，身死高梁之东；头为饮器，国分为三，为天下笑。此不知足之祸也，老子曰："知足不辱，知止不殆，可以修久。"此之谓也。

树达按：淮南王安，厉王长之子，故讳长曰修，非是异文。

《汉书·疏广传》 广谓受曰:"吾闻'知足不辱,知止不殆','功遂身退,天之道也'。今仕宦至二千石,宦成名立,如此不去,惧有后悔。岂如父子相随出关,归老故乡,以寿命终,不亦善乎?"

《后汉书·张霸传》 霸曰:"盖日中则移,月满则亏,老氏有言,'知足不辱'。"

《后汉书·方术·廖扶传》 扶感父以法丧身,惮为吏。及服终而叹曰:"老子有言,'名与身孰亲'?吾岂为名乎!"遂绝志世外,专精经典。

《后汉书·方术·折像传》 国生像。国有赀财二亿,家僮八百人。及国卒,感多藏厚亡之义,乃散金帛资产周施亲疏。或谏像曰:"君三男两女,孙息盈前,当增益产业,何为坐自殚竭乎?"像曰:"昔斗子文有言:'我乃逃祸,非避富也。'吾门户殖财日久,盈满之家,道家所忌。今世将衰,子又不才。不仁而富,谓之不幸,墙隙而高,其崩必疾也。"智者闻之,咸服焉。

　　树达按:本传云:像好黄老言。

《牟子·理惑论》 夫长左者必短右,大前者必狭后。公绰为赵魏老则优,不可以为滕薛大夫。妻子财物,世之余也;清躬无为,道之妙也。老子曰:"名与身孰亲?身与货孰多?"

《魏志·程昱传》 是后中夏渐平,太祖拊昱背曰:"兖州之败,不用君言,吾何以至此!"宗人奉牛酒大会,昱曰:"知足不辱,吾可以退矣。"乃自表归兵,阖门不出。

四十五章

大成若缺，其用不弊；大盈若冲，其用不穷。大直若屈，大巧若拙，大辩若讷。

《庄子·胠箧篇》 彼圣人者，天下之利器也，非所以明天下也。故绝圣弃知，大盗乃止；擿玉毁珠，小盗不起；焚符破玺而民朴鄙，掊斗折衡而民不争，殚残天下之圣法，而民始可与论议。擢乱六律，铄绝竽瑟，塞瞽旷之耳，而天下始人含其聪矣；灭文章，散五采，胶离朱之目，而天下始人含其明矣；毁绝钩绳而弃规矩，攦工倕之指，而天下始人有其巧矣。故曰："大巧若拙。"

《淮南子·道应训》 秦穆公谓伯乐曰："子之年长矣，子姓有可使求马者乎？"对曰："良马者，可以形容筋骨相也，相天下之马者，若灭若失，若亡其一。若此马者，绝尘弭辙。臣之子，皆下材也，可告以良马，而不可告以天下之马。臣有所与供儋缠采薪者九方堙，此其于马，非臣之下也。请见之。"穆公见之，使之求马。三月而反，报曰："已得马矣，在于沙邱。"穆公曰："何马也？"对曰："牡而黄。"使人往取之，牝而骊。穆公不说，召伯乐而问之，曰："败矣！子之所使求马者，毛物牝牡弗能知，又何马之能知？"伯乐喟然大息，曰："一至此乎！是乃其所以千万臣而无数者也！若堙之所观者，天机也。得其精而忘其粗，在其内而忘其外；见其所见，而不见其所不见；视其所视，而遗其所不视。若彼之所相者，乃有贵乎马者。"马至而果千里之马。故老子曰："大直若屈，大巧若拙。"

《韩诗外传》九　见前章。

《史记·刘敬叔孙通传》赞　叔孙通希世，度务制礼，进退与时变化，卒为汉家儒宗。大直若诎，道固委蛇，盖谓是乎！

《后汉书·荀爽传·论》　出处，君子之大致也。平运则弘道以求志，陵夷则濡迹以匡时。荀公之急急自励，其濡迹乎！不然，何为违贞而履虎尾焉？观其逊言迁都之议，以救杨黄之祸，及后潜图董氏，几振国命，所谓大直若屈，道固逶迤也。

《牟子·理惑论》　见前九章"功遂身退天之道"下。

躁胜寒，静胜热，清静为天下正。

《吕氏春秋·审分览·君守篇》　得道者必静，静者无知。知乃无知，可以言君道也。故曰："中欲不出谓之扃，外欲不入谓之闭。"既扃而又闭，天之用密；有准不以平，有绳不以正，天之大静。既静而又宁，可以为天下正。

四十六章

天下有道，却走马以粪；

《韩非子·解老篇》　有道之君，外无怨仇于邻敌，而内有德泽于人民。夫外无怨仇于邻敌者，其遇诸侯也有礼义；内有德泽于人民者，其治民事也务本。遇诸侯有礼义，则役希起；治民事务本，则淫奢止。凡马之所以大用者，外供甲兵而内给淫奢也。今有道之君，外希用甲兵而内禁淫奢；上不事马于战斗逐北，而民不以马远通淫物；所积力唯田畴。积力唯田畴，必且粪灌。故曰："天下有道，却走马以粪也。"

《韩非子·喻老篇》　天下有道，无急患，则曰静，遽传不用。故曰："却走马以粪。"

《淮南子·览冥训》 故召远者使无为焉，亲近者使无事焉，惟夜行者为能有之。故"却走马以粪"。《文子·精诚篇》同。

天下无道，戎马生于郊。

《韩非子·解老篇》 人君者无道，则内暴虐其民，而外侵欺其邻国。内暴虐则民产绝，外侵欺则兵数起。民产绝则畜生少，兵数起则士卒尽。畜生少则戎马乏，士卒尽则军危殆。戎马乏则牸马出，军危殆则近臣役。马者，军之大用；郊者，言其近也。今所以给军之具于牸马近臣。故曰："天下无道，戎马生于郊矣。"

《韩非子·喻老篇》 天下无道，攻击不休，相守数年不已，甲胄生虮虱，燕雀处帷幄，而兵不归。故曰："戎马生于郊。"

罪莫大于可欲：

《韩非子·解老篇》 人有欲则计会乱，计会乱而有欲甚，有欲甚则邪心胜，邪心胜则事经绝，事经绝则祸难生。由是观之，祸难生于邪心，邪心诱于可欲。可欲之类，进则教良民为奸，退则令善人有祸。奸起则上侵弱君，祸至则民人多伤。然则可欲之类，上侵弱君而下伤人民。夫上侵弱君而下伤人民者，大罪也。故曰："罪莫大于可欲。"

《韩非子·喻老篇》 翟人有献丰狐玄豹之皮于晋文公。文公受客皮而叹曰："此以皮之美自为罪！"夫治国者以名号为罪，徐偃王是也；以城与地为罪，虞虢是也。故曰："罪莫大于可欲。"

《韩诗外传》九 见前章。

祸莫大于不知足；

《韩非子·解老篇》 是以圣人不引五色，不淫于声乐；明君贱玩好而去淫丽。人无毛羽，不衣则不犯寒。上不属天而下不着地，以肠胃为根本，不食则不能活。是以不免于欲利之心，欲利之心不除，其身之忧也。故圣人衣足以犯寒，食足以充虚，则不忧矣。众人则不然。大为诸侯，小余千金之资，其欲得之忧不除也。胥靡有免，死罪时活。今不知足者之忧终身不解。故曰："祸莫大于不知足。"

《韩非子·喻老篇》 智伯兼范中行而攻赵不已，韩魏反之，军败晋阳，身死高梁之东，遂卒被分，漆其首以为溲器。故曰："祸莫大于不知足。"

《韩诗外传》九　见前章。

咎莫大于欲得。

《韩非子·解老篇》 故欲利甚于忧，忧则疾生，疾生而智慧衰，智慧衰则失度量，失度量则妄举动，妄举动则祸害至，祸害至而疾婴内。疾婴内则痛，祸薄外则苦。苦痛杂于肠胃之间，则伤人也憯；憯则退而自咎。退而自咎也，生于欲利。故曰："咎莫憯于欲利。"

《韩非子·喻老篇》 虞君欲屈产之乘与垂棘之璧，不听宫之奇，故邦亡身死。故曰："咎莫憯于欲得。"

故知足之足常足矣。

《韩非子·喻老篇》 邦以存为常，霸王其可也；身以生为常，富贵其可也。不欲自害，则邦不亡，身不死。故曰："知足之为足矣。"

《韩诗外传》九　见前章。

四十七章

不出户,知天下;不窥牖,见天道。其出弥远,其知弥少。

《韩非子·喻老篇》 空窍者,神明之户牖也。耳目竭于声色,精神竭于外貌,故中无主。中无主,则祸福虽如丘山,无从识之。故曰:"不出于户,可以知天下;不窥于牖,可以知天道。"此言神明之不离其实也。

《韩非子·喻老篇》 白公胜虑乱,罢朝,倒杖而策锐贯颐,血流至于地而不知。郑人闻之,曰:"颐之忘,将何不忘哉?"故曰:"其出弥远者,其智弥少。"此言智周乎远,则所遗在近也。《淮南子·道应训》文略同。

《吕氏春秋·审分览·君守篇》 身以盛心,心以盛智。智乎!流藏而实莫得窥乎!《鸿范》曰:"惟天阴骘下民。"阴之者,所以发之也。故曰:"不出于户而知天下,不窥于牖而知天道。其出弥远者,其知弥少。"故博闻之人,强识之士,阙矣;事耳目深思虑之务,败矣;坚白之察,无厚之辩,外矣。不出者,所以出之也;不为者,所以为之也。此之谓以阳召阳,以阴召阴。

《淮南子·精神训》 夫孔窍者,精神之户牖也;而气志者,五藏之使候也。耳目淫于声色之乐,则五藏摇动而不定矣;五藏摇动而不定,则血气滔荡而不休矣;血气滔荡而不休,则精神驰骋于外而不守矣;精神驰骋于外而不守,则祸福之至,虽如邱山,无由识之矣。使耳目精明玄达而无诱慕,气志虚静恬愉而省嗜欲,五藏定宁充盈而不泄,精神内守形骸而不外越，则望于往世之前，而视于来事之后，犹未足为也。岂直祸福之间哉！故曰："其出弥远者，其知弥少。"以言夫精神之不可使外淫也。《文子·十守篇》文大同。

《淮南子·主术训》　人主深居隐处以避燥湿，闱门重袭以避奸贼。内不知闾里之情，外不知山泽之形。帷幕之外，目不能见十里之前，耳不能闻百步之外，天下之物无不通者，其灌输之者大，而斟酌之者众也。是故不出户而知天下，不窥牖而知天道。乘众人之智，则天下之不足有也；专用其心，则独身不能保也。是故人主覆之以德，不行其智，而因万人之所利。夫举踵天下而得所利，故百姓载之上，弗重也；错之前，弗害也；举之而弗高也；推之而弗猒。

《文子·精诚篇》　精神越于外，智虑荡于内者，不能治形。神之所用者远，而所遗者近。故不出于户以知天下，不窥于牖以知天道，其出弥远，其知弥少。此言精诚发于内，神气动于天也。此文本《淮南子·道应训》。彼文与前引《韩非·喻老》文大同，故未录。

《文子·下德篇》　夫人君不出户以知天下者，因物以识物，因人以知人也。故积力之所举，即无不胜也；众智之所为，即无不成也。千人之众无绝粮，万人之群无废功。

是以圣人不行而知，不见而名，不为而成。

《韩非子·喻老篇》　是以圣人无常行也。能并智，故曰："不行而知。"能并视，故曰："不见而明。"随时以举事，因资而立功，用万物之能而获利其上，故曰："不为而成。"

四十八章

为学日益,为道日损;

《庄子·知北游篇》 见三十八章"故失道而后德"条下。

《后汉书·范升传》 升上奏曰:"孔子曰:'博学约之,弗叛矣夫。'夫学而不约,必叛道也。颜渊曰:'博我以文,约我以礼。'孔子可谓知教,颜渊可谓善学矣。老子曰:'学道日损。'损犹约也。"

树达按:《升传》云,升习老子。

损之又损,以至于无为;

《牟子·理惑论》 辟谷之法,数千百术。行之无效,为之无征,故废之耳。观吾所从学师三人,或自称七百五百三百岁。然吾从其学,未三岁间,各自殒没。所以然者,盖由绝谷不食而啖百果,享肉则重盘,饮酒则倾樽,精乱神昏,谷气不充,耳目昏迷,淫邪不禁。吾问其故何?答曰:"老子曰:'损之又损,以至于无为。'徒当日损耳。"然吾观之,但日益而不损也,是以各不至知命而死矣。

无为而无不为。

《淮南子·原道训》 是故圣人内修其本而不外饰其末,保其精神,偃其知故,漠然无为而无不为也。所谓无为者,不先物为也;所谓无不为者,因物之所为。《文子·道原篇》文略同。

取天下常以无事;及其有事,不足以取天下。

《文子·自然篇》 古之善为君者法江海。江海无为以成其大,窊下以成其广,故能长久为天下谿谷,其德乃足。无为,故能取百川。不求，故能得；不行，故能至。是以取天下而无事。

四十九章

圣人无常心，以百姓心为心。善者，吾善之，不善者吾亦善之，德善。信者，吾信之，不信者，吾亦信之，德信。圣人在天下歙歙，为天下浑其心，圣人皆孩之。

五十章

出生入死。生之徒十有三，死之徒十有三。

《韩非子·解老篇》 人始于生而卒于死。始之谓出，卒之谓入，故曰："出生入死。"人之身，三百六十节，四肢，九窍，其大具也。四肢与九窍，十有三者。十有三者之动静，尽属于生焉，属之谓徒也，故曰："生之徒也十有三"者。至其死也，十有三具者皆还而属之于死，死之徒亦十有三。故曰："生之徒十有三，死之徒十有三。"

人之生动之死地，亦十有三。

《韩非子·解老篇》 凡民之生生而生者固动，动尽则损也，而动不止，是损而不止也。损而不止则生尽，生尽之谓死，则十有三具者，皆为死死地也。故曰："民之生，生而动，动皆之死地，亦十有三。"是以圣人爱精神而贵处静。

夫何故？以其生生之厚。

《淮南子·精神训》 是故五色乱目，使目不明；五声哗耳，使耳不聪；五味乱口，使口爽伤；趣舍滑心，使行飞扬。此四者，天下之所养性也，然皆人累也。故曰："嗜欲者使人之气越，而好憎者使人之心劳，弗疾去，则志气日耗。"夫人之所以不能终其寿命而中道夭于刑戮者，何也？以其生生之厚。夫惟能无以生为者，则所以修得生也。《文子·十守篇》文略同。

盖闻善摄生者，陆行不遇兕虎，入军不被甲兵。兕无所投其角，虎无所措其爪，兵无所容其刃。夫何故？以其无死地。

《韩非子·解老篇》 凡兵革者，所以备害也。重生者虽入军，无忿争之心；无忿争之心，则无所用救害之备。此非独谓野处之军也。圣人之游世也，无害人之心；无害人之心，则必无人害；无人害，则不备人，故曰："陆行不遇兕虎。"入山不恃备以救害，故曰："入军不被甲兵。"远诸害，故曰："兕无所投其角，虎无所措其爪，兵无所容其刃。"不设备而必无害，天地之道理也。体天地之道，故曰："无死地焉。"动无死地，而谓之"善摄生"矣。

《淮南子·诠言训》 故天下可得而不可取也；霸王可受而不可求也。任智，则人与之讼；任力，则人与之争。未有使人无智者，有使人不能用其智于己者也；未有使人无力者，有使人不能施其力于己者也。此两者常在久见。故君，贤不见，诸侯不备；不肖不见，则百姓不怨。百姓不怨，则民用可得；诸侯弗备，则天下之时可承。事，所与众同也；功，所与时成也；圣人无焉。故老子曰："虎无所措其爪，兕无所措其角。"盖谓此也。

《盐铁论·世务篇》 文学曰："《春秋》王者无敌，言其仁厚，其德美，天下宾服，莫敢受交也。德行延及方外，舟车所臻，足迹所及，莫不被泽。蛮貊异国，重译自至。方此之时，天下和同，君臣一德，外内相信，上下辑睦。兵设而不试，干戈闭藏而不用。老子曰：'兕无所用其角，螫虫无所输其毒。'"

五十一章

道生之，德畜之，物形之，势成之。是以万物莫不尊道而贵德。道之尊，德之贵。夫莫之命而常自然。故道生之，德畜之，长之育之，亭之毒之，养之覆之。生而不有，为而不恃，长而不宰，是谓玄德。

五十二章

天下有始，以为天下母。既得其母，以知其子。既知其子，复守其母，没身不殆。

《牟子·理惑论》 老子曰："既知其子，复守其母，没身不殆。"又曰："用其光，复其明，无遗身殃。"此道生死之所趣，吉凶之所住。

塞其兑，闭其门，终身不勤。

《淮南子·道应训》 齐王后死。王欲置后而未定，使群臣议。薛公欲中王之意，因献十珥而美其一。旦日，因问美珥之所在，因劝立以为王后。齐王大说，遂重薛公。故人主之意欲见于外，则为人臣之所制。故老子曰："塞其兑，闭其门，终身不勤。"

开其兑，济其事，终身不救。

《文子·上礼篇》 为礼者，雕琢人性，矫拂其情。目虽欲之，禁以度；心虽乐之，节以礼。趣翔周旋，屈节卑拜。肉凝而不食，酒澄而不饮。外束其形，内愁其德。钳阴阳之和，而迫性命之情，故终身为哀人。何则？不本其所以欲，而禁其所欲；不原其所以乐，而防其所乐。是犹圈兽而不塞其垣，禁其野心；决江河之流而壅之以手。故曰："开其兑，济其事，终身不救。"

见小曰明。

《韩非子·喻老篇》 昔者纣为象箸而箕子怖，以为象箸必不加于土铏，必将犀玉之杯；象箸玉杯必不羹菽藿，则必旄象豹胎；旄象豹胎必不衣短褐而食于茅屋之下，则锦衣九重，广室高台。吾畏其卒，故怖其始。居五年，纣为肉圃，设炮烙，登糟邱，临酒池，纣遂以亡。故箕子见象箸以知天下之祸。故曰："见小曰明。"

《淮南子·道应训》 鲁国之法：鲁人为人妾于诸侯，有能赎之者，取金于府。子赣赎鲁人于诸侯，来而辞不受金。孔子曰："赐失之矣！夫圣人之举事也，可以移风易俗，而教顺可施后世，非独以适身之行也。今国之富者寡而贫者众，赎而受金，则为不廉；不受金，则不复赎人。自今以来，鲁人不复赎人于诸侯矣。"孔子亦可谓知化矣。故老子曰："见小曰明。"

守柔曰强。

《韩非子·喻老篇》 句践入宦于吴，身执干戈，为吴王洗马，故能杀夫差于姑苏。文王见詈于王门，颜色不变，而武王擒纣于牧野。故曰："守柔曰强。"

用其光,复归其明,无遗身殃,是为习常。

《淮南子·道应训》 见后五十五章"知和曰常"条。

《牟子·理惑论》 见"上既知其子"条。

五十三章

使我介然有知,行于大道,唯施是畏。大道甚夷,而民好径。朝甚除,田甚芜,仓甚虚,服文采,带利剑,厌饮食,财货有余,是谓盗夸。非道也哉!

《韩非子·解老篇》 书之所谓大道也者,端道也。所谓貌施也者,邪道也。所谓径也者,佳丽也。佳丽也者,邪道之分也。朝甚除也者,狱讼繁也。狱讼繁则田荒,田荒则府仓虚,府仓虚则国贫,国贫而民俗淫侈,民俗淫侈则衣食之业绝,衣食之业绝,则民不得无饰巧诈,饰巧诈则知采文,知采文之谓服文采。狱讼繁,仓廪虚,而有以淫侈为俗,则国之伤也,若以利剑刺之。故曰:"带利剑。"诸夫饰智故以至于伤国者,其私家必富。私家必富,故曰:"资货有余。"国有若是者,则愚民不得无术而效之,效之,则小盗生。由是观之,大奸作则小盗随,大奸唱则小盗和。竽也者,五声之长者也;故竽先则钟瑟皆随,竽唱则诸乐皆和。今大奸作则俗之民唱,俗之民唱则小盗必和;故"服文采,带利剑,厌饮食,而资货有余者,是之谓盗竽"矣。

五十四章

善建者不拔，善抱者不脱，子孙以祭祀不辍。

《韩非子·解老篇》 人无愚智，莫不有趋舍。恬淡平安，莫不知祸福之所由来。得于好恶，怵于淫物，而后变乱。所以然者，引于外物，乱于玩好也。恬淡有趋舍之义，平安知祸福之计。而今也，玩好变之，外物引之。引之而往，故曰"拔"。至圣人不然，一建其趋舍，虽见所好之物，不能引，不能引之谓不拔。一于其情，虽有可欲之类，神不为动，神不为动之谓不脱。为人子孙者体此道以守宗庙不灭之谓祭祀不绝。

《韩非子·喻老篇》 楚庄王既胜，狩于河雍，归而赏孙叔敖。孙叔敖请汉间之地，沙石之处。楚邦之法：禄臣再世而收地，唯孙叔敖独在。此不以其邦为收者，瘠也。故九世而祀不绝。故曰："善建不拔，善抱不脱，子孙以其祭祀世世不辍。"孙叔敖之谓也。

《淮南子·主术训》 是故君人者无为而有守也，有为而无好也。有为则谗生，有好则谀起。昔者齐桓公好味，而易牙烹其首子而饵之；虞君好宝，而晋献以璧马钓之；胡王好音，而秦穆公以女乐诱之。是皆以利见制于人也。故善建者不拔。

《文子·上仁篇》 人君之道，无为而有就也，有立而无好也；有为即议，有好即谀；议即可夺，谀即可诱。夫以建而制于人者，不能持国。故善建者不拔，言建之无形也。

修之于身，其德乃真；修之于家，其德乃余；修之于乡，其德乃长；修之于邦，其德乃丰；修之于天下，其德乃普。故以身观身，以家观家，以乡观乡，以邦观邦，以天下观天下。吾何以知天下然哉？以此。

《韩非子·解老篇》 身以积精为德，家以资财为德，乡国天下皆以民为德。今治身而外物不能乱其精神。故曰："修之身，其德乃真。"真者，慎之固也。治家者，无用之物不能动其计，则资有余。故曰："修之家，其德有余。"治乡者行此节，则家之有余者益众。故曰："修之乡，其德乃长。"治邦者行此节，则乡之有德者益众。故曰："修之邦，其德乃丰。"莅天下者行此节，则民之生莫不受其泽。故曰："修之天下，其德乃普。"修身者以此别君子小人，治乡治邦莅天下者各以此科适观息耗，则万不失一。故曰："以身观身，以家观家，以乡观乡，以邦观邦，以天下观天下。吾奚以知天下之然也？以此。"

《淮南子·道应训》 楚庄王问詹何曰："治国奈何？"对曰："何明于治身而不明于治国。"楚王曰："寡人得立，宗庙社稷，愿学所以守之。"詹何对曰："臣未尝闻身治而国乱者也，未尝闻身乱而国治者也。故本在于身，不敢对以末。"楚王曰："善。"故老子曰："修之身，其德乃真也。"《文子·上仁篇》文略同，作文子问老子答。

《文子·微明篇》 人之将疾也，必先甘鱼肉之味；国之将亡也，必先恶忠臣之语。故疾之将死者，不可为良医；国之将亡者，不可为忠谋。修之身，然后可以治民；居家理，然后可移于官长。故曰：修之身，其德乃真；修之家，其德乃余；修之国，其德乃丰。

五十五章

含德之厚，比于赤子。蜂虿虺蛇不螫，猛兽不据，攫鸟不搏。骨弱筋柔而握固。未知牝牡之合而全作，精之至也；终日号而不嗄，和之至也。

知和曰常，知常曰明，益生曰祥，心使气曰强。

《淮南子·道应训》　中山公子牟谓詹子曰："身处江海之上，心在魏阙之下，为之奈何？"詹子曰："重生，重生则轻利。"中山公子牟曰："虽知之，犹不能自胜。"詹子曰："不能自胜，则从之，从之，神无怨乎？不能自胜而强弗从者，此之谓重伤。重伤之人，无寿类矣。"故老子曰："知和曰常，知常曰明，益生曰祥，心使气曰强。"是故用其光，复归其明也。《文子·下德篇》文略同，彼作老子语。

物壮则老，谓之不道，不道早已。

《牟子·理惑论》　老子云："物壮则老，谓之不道，早已。"惟有得道者不生亦不壮，不壮亦不老，不老亦不病，不病亦不朽，是以老子以身为大患焉。

五十六章

知者不言，言者不知。

《庄子·知北游篇》　见二章"是以圣人处无为之事"条下。

《淮南子·道应训》　见二章"天下皆知美之为美"条。

《牟子·理惑论》 见九章"功遂身退天之道"条。

塞其兑，闭其门，挫其锐，解其分，和其光，同其尘。是谓玄同。故不可得而亲，不可得而疏；不可得而利，不可得而害；不可得而贵，不可得而贱。故为天下贵。

五十七章

以正治国，以奇用兵，以无事取天下。

《尹文子·大道下篇》 老子曰："以政治国，以奇用兵，以无事取天下。"政者，名法是也，以名法治国，万物所不能乱。奇者，权术是也，以权术用兵，万物所不能敌。凡能用名法权术而矫抑残暴之情，则已无事焉。己无事，则得天下矣。故失治则任法，失法则任兵，以求无事不以取强。取强，则柔者反能服之。

《文子·上礼篇》 老子曰：以政治国，以奇用兵，先为不可胜之政，而后求胜于敌。以未治而攻人之乱，是犹以火应火，以水应水也。同莫足以相治，故以异为奇。奇静为躁，奇治为乱，奇饱为饥，奇逸为劳。奇正之相应，若水火金木之相伐也。何往而不胜？故德均则众者胜寡，力敌则智者制愚，智同则有数者禽无数。

吾何以知其然哉？以此。天下多忌讳而民弥贫；民多利器，国家滋昏；

人多伎巧，奇物滋起；法令滋彰，盗贼多有。

《淮南子·道应训》 惠子为惠王为国法，已成而示诸先生,先生皆善之。奏之惠王,惠王甚说之,以示翟煎,曰:"善。"惠王曰:"善,可行乎?"翟煎曰:"不可。"惠王曰:"善而不可行,何也?"翟煎对曰:"今夫举大木者,前呼邪许,后亦应之;此举重劝力之歌也。岂无郑卫《激楚》之音哉?然而不用者,不若此其宜也。治国在礼,不在文辩。"故老子曰:"法令滋彰,盗贼多有。"此之谓也。《文子·微明篇》文略同,作文子问老子答。

《文子·道原篇》 听失于非誉,目淫于彩色;礼亶不足以放爱,诚心可以怀远。故兵莫憯乎志,镆铘为下;寇莫大于阴阳,而枹鼓为细。所谓大寇伏尸不言节,中寇藏于山,小寇遁于民间。故曰:民多智能,奇物滋起;法令滋章,盗贼多有。去彼取此,天殃不起。故以智治国,国之贼;不以智治国,国之德。

《史记·酷吏传》 见前三十八章"下德不德"条。

《后汉书·东夷传论》 昔箕子违衰殷之运,避地朝鲜。始其国俗,未有闻也。及施八条之约,使人知禁,遂乃邑无淫盗,门不夜扃,回顽薄之俗,就宽略之法,行数百年,故东夷通以柔谨为风,异乎三方者也。苟政之所畅,则道义存焉。仲尼怀愤,以为九夷可居。或疑其陋。子曰:"君子居之,何陋之有?"亦徒有以焉耳。其后遂通接商贾,渐交上国,而燕人卫满扰杂其风,于是从而浇异焉。老子曰:"法令滋章,盗贼多有。"若箕子之省简文条而用信义,其得圣贤作法之原矣。

故圣人云:我无为而民自化,我好静而民自正,我无事而民自富,我无欲而民自朴。

《文子·道原篇》 夫人从欲失性,动未尝正也,以治国,则乱;以治身,则秽。故不闻道者无以反其性,不通物者不能清静。原人之性无邪秽；久湛于物，即易；易而忘其本，即合于若性。水之性欲清，沙石秽之；人之性欲平，嗜欲害之。惟圣人能遗物反己。是故圣人不以智役物，不以欲滑和，其于乐不忻忻，其于忧不惋惋，是以高而不危，安而不倾。故听善言便计，虽愚者知说之；称圣德高行，虽不肖者知慕之。说之者众而用之者寡，慕之者多而行之者少，所以然者，挈于物而系于俗。故曰："我无为而民自化，我无事而民自富，我好静而民自正，我无欲而民自朴。"

《文子·微明篇》 帝王富其民，霸王富其地，危国富其吏。治国若不足，亡国困仓虚。故曰：上无事而民自富，上无为而民自化。

《盐铁论·周秦篇》 自首匿相坐之法立，骨肉之恩废而刑罪多。闻父母之于子，虽有罪，犹匿之，岂不欲服罪尔？子为父隐，父为子隐，未闻父子之相坐也。闻兄弟缓追以免贼，未闻兄弟之相坐也。闻恶恶止其人，疾始而诛首恶，未闻什伍之相坐。老子曰：上无欲而民朴，上无事而民自富。

老子古义卷下

五十八章

其政闷闷，其民淳淳；其政察察，其民缺缺。

《淮南子·道应训》 沣水之深千仞而不受尘垢，投金铁针焉，则形见于外。非不深且清也，鱼鳖龙蛇莫之肯归也。是故石上不生五谷，秃山不游麋鹿，无所阴蔽隐也。昔赵文子问于叔向曰："晋六将军其孰先亡乎？"对曰："中行知氏。"文子曰："何乎？"对曰："其为政也，以苛为察，以切为明，以刻下为忠，以计多为功。譬之，犹廓革者也；廓之，大则大矣，裂之道也。"故老子曰："其政闷闷，其民淳淳；其政察察，其民缺缺。"《文子·上礼篇》文略同，彼皆作老子语。

祸兮，福之所倚；福兮，祸之所伏，孰知其极？

《吕氏春秋·季夏纪·制乐篇》 故成汤之时，有谷生于庭，昏而生，比旦而大拱。其吏请卜其故。汤退卜者曰："吾闻：祥者，福之先者也，见祥而为不善，则福不至。妖者，祸之先者也，见妖而为善，则祸不至。"于是早朝晏退，问疾吊丧，务镇抚百姓，三日而谷亡。故"祸兮福之所倚，福兮祸之所伏"。圣人所独见，众人焉知其极！

《韩非子·解老篇》　人有祸则心畏恐，心畏恐则行端直，行端直则思虑熟，思虑熟则得事理，行端直则无祸害，无祸害则尽天年，得事理则必成功，尽天年则全而寿，必成功则富与贵。全寿富贵之谓福，而福本于有祸，故曰："祸兮，福之所倚。"以成其功也。人有福则富贵至，富贵至则衣食美，衣食美则骄心生，骄心生则行邪僻而动弃理。行邪僻则身死夭，动弃理则无成功。夫内有死夭之难，而外无成功之名者，大祸也，而祸本生于有福。故曰："福兮，祸之所伏。"夫缘道理以从事者，无不能成；无不能成者，大能成天子之势尊，而小易得卿相将军之赏禄。夫弃道理而妄举动者，虽上有天子诸侯之势尊，而下有倚顿陶朱卜祝之富，犹失其民人而亡其财资也。众人之轻弃道理而易妄举动者，不知其祸福之深大而道阔远若是也。故谕人曰："孰知其极？"

《文子·微明篇》　德之中有道，道之中有德，其化不可极。阳中有阴，阴中有阳，万事尽然，不可胜明。福至祥存，祸至祥先。见祥而不为善，即福不来；见不祥而行善，即祸不至。利与害同门，祸与福同邻，非神圣，莫之能分。故曰：祸兮福所倚，福兮祸所伏，孰知其极？

《说苑·敬慎篇》　老子曰："得其所利，必虑其所害；乐其所成，必顾其所败。"人为善者，天报以福；人为不善者，天报以祸也。故曰："祸兮福所倚，福兮祸所伏。"戒之慎之，君子不务，何以备之？夫上知天则不失时，下知地则不失财；日夜慎之，则无灾害。

其无正？正复为奇，善复为妖。

  树达按：其，岂也。"善复为妖"上疑脱"其无善"三字。

人之迷，其日固久。

《韩非子·解老篇》　人莫不欲富贵全寿，而未有能免于贫贱死夭之祸也。心欲富贵全寿，而今贫贱死夭，是不能至于其所欲至也。凡失其所欲之路而妄行者之谓迷。迷，则不能至于其所欲至矣。今众人之不能至于其所欲至，故曰"迷"。众人之所不能至于其所欲至也，自天地之剖判以至于今，故曰："人之迷也，其日故以久矣。"

是以圣人方而不割，廉而不刿，直而不肆，光而不耀。

《韩非子·解老篇》　所谓方者，内外相应也，言行相称也。所谓廉者，必生死之命也，轻恬资财也。所谓直者，义必公正，心不偏党也。所谓光者，官爵尊贵，衣裘壮丽也。今有道之士，虽中外信顺，不以诽谤穷堕；虽死节轻财，不以侮罢羞贪；虽义端不党，不以去邪罪私；虽势尊衣美，不以夸贱欺贫。其故何也？使失路者而肯听能问知，即不成迷也。今众人之所以欲成功而反为败者，生于不知道理而不肯问知而听能。众人不肯问知听能，而圣人强以其祸败适之，则怨。众人多而圣人寡，寡之不胜众，数也。今举动而与天下为仇，非全身长生之道也。是以行轨节而举之也。故曰："方而不割，廉而不刿，直而不肆，光而不耀。"

《淮南子·道应训》　景公谓太卜曰："子之道何能？"对曰："能动地。"晏子往见公。公曰："寡人问太卜曰：'子之道何能？'对曰：'能动地。'地可动乎？"晏子默然不对。出见太卜，曰："昔吾见句星在房心之间，地其动乎？"太卜曰："然。"晏子出，太卜走往见公，曰："臣非能动地，地固将动也。"田子阳闻之，曰："晏子默然不对者，不欲太卜之死；往见太卜者，恐公之欺也。晏子可谓忠于上而惠于下矣。"故老子曰："方而不割，廉而不刿。"

《淮南子·氾论训》 夫尧、舜、汤、武，世主之隆也；齐桓、晋文，五霸之豪英也。然尧有不慈之名，舜有卑父之谤，汤武有放弑之事，五伯有暴乱之谋。是故君子不责备于一人，方正而不以割，廉直而不以切，博通而不以訾，文武而不以责。

《文子·上义篇》 老子曰：自古及今，未有能全其行者也，故君子不责备于一人。方而不割，廉而不刿，直而不肆，博达而不訾。道德文武，不责备于人，力自修以道，而不责于人，易偿也，自修以道，则无病矣。夫夏后氏之璜，不能无瑕；明月之珠，不能无秽。然天下宝之者，不以小恶妨大美。今志人之所短，忘人之所长，而欲求贤于天下，即难矣。

五十九章

治人事天莫若啬。

《韩非子·解老篇》 聪明睿智，天也；动静思虑，人也。人也者，乘于天明以视，寄于天聪以听，托于天智以思虑。故视强则目不明，听甚则耳不聪，思虑过度则智识乱。目不明则不能决黑白之分，耳不聪则不能别清浊之声，智识乱则不能审得失之地。目不能决黑白之色，则谓之盲；耳不能别清浊之声，则谓之聋；心不能审得失之地，则谓之狂。盲则不能避昼日之险，聋则不能知雷霆之害，狂则不能免人间法令之祸。书之所谓治人者，适动静之节，省思虑之费也。所谓事天者，不极聪明之力，不尽智识之任。苟极尽则费神多，费神多则盲聋悖狂之祸至，是以啬之。啬之者，爱其精神，啬其智识也。故曰："治人事天莫如啬。"

夫唯啬，是谓早服；

《韩非子·解老篇》 众人之用神也躁，躁则多费，多费之谓侈；圣人之用神也静，静则少费，少费之谓啬。啬之谓术也，生于道理。夫能啬也，是从于道而服于理者也。众人离于患，陷于祸，犹未知退而不服从道理。圣人虽未见祸患之形，虚无服从于道理以称蚤服。故曰："夫谓啬，是以蚤服。"

早服谓之重积德；

《韩非子·解老篇》 知治人者其思虑静，知事天者其孔窍虚。思虑静则故德不去，孔窍虚则和气日入。故曰："重积德。"夫能令故德不去，新和气日至者，蚤服者也。故曰："蚤服是谓重积德。"

重积德则无不克。

《韩非子·解老篇》 积德而后神静，神静而后和多，和多而后计得，计得而后能御万物，能御万物，则战易胜敌，战易胜敌而论必盖世，论必盖世，故曰"无不克"。无不克本于重积德，故曰："重积德则无不克。"

无不克，则莫知其极；

《韩非子·解老篇》 战易胜敌，则兼有天下；论必盖世，则民人从。进兼天下而退从民人，其术远，则众人莫见其端末；莫见其端末，是以莫知其极。故曰："无不克，则莫知其极。"

莫知其极，可以有国；

《韩非子·解老篇》 凡有国而后亡之，有身而后殃之，不可谓能有其国，能保其身。夫能有其国，必能安其社稷；能保其身，必能终其天年，而后可谓能有其国，能保其身矣。夫能有其国，保其身者，必且体道，体道则其智深，其智深则其会远，其会远，众人莫能见其所极。唯夫能令人不见其事极。不见其事极者，为能保其身，有其国。故曰："莫知其极。莫知其极，则可以有国。"

有国之母，可以长久。

《韩非子·解老篇》 所谓有国之母，母者，道也，道也者，生于所以有国之术。所以有国之术，故谓之有国之母。夫道以与世周旋者，其建生也长，持禄也久。故曰："有国之母，可以长久。"

是谓深根固柢长生久视之道。

《韩非子·解老篇》 树木有曼根，有直根。直根者，书之所谓柢也；柢也者，木之所以建生也。曼根者，木之所以持生也；德也者，人之所以建生也；禄也者，人之所以持生也。今建于理者其持禄也久，故曰："深其根。"体其道者其生日长，故曰："固其柢。"柢固则生长，根深则视久，故曰："深其根，固其柢，长生久视之道也。"

六十章

治大国若烹小鲜。

《韩非子·解老篇》 工人数变业，则失其功；作者数摇徙，则亡其功。一人之作，日亡半日，十日则亡五人之功矣；万人之作，日亡半日，十日则亡五万人之功矣。然则数变业者，其人弥众，其亏弥大矣。凡法令更则利害易，利害易则民务变，民务变谓之变业。故以理观之，事大众而数摇之，则少成功；藏大器而数徙之，则多败伤；烹小鲜而数挠之，则贼其宰；治大国而数变法，则民苦之。是以有道之君贵虚静而重变法。故曰："治大国者若烹小鲜。"

《淮南子·齐俗训》 天下是非无所定，世各是其所是而非其所非，所谓是与非各异，皆自是而非人。由此观之，事有合于己者，而未始有是也；有忤于心者，而未始有非也。故求是者，非求道理也，求合于己者也；去非者，非批邪施也，去忤于心者也。忤于我未必不合于人也，合于我未必不非于俗也。至是之是无非，至非之非无是，此真是非也。若夫是于此而非于彼，非于此而是于彼者，此之谓一是一非也。此一是非，隅曲也；夫一是非，宇宙也。今吾欲择是而居之，择非而去之，不知世之所谓是非者，不知孰是孰非。老子曰："治大国若烹小鲜。"为宽裕者曰："勿数挠！"树达按：如前条韩非之说是也。为刻削者曰："致其咸酸而已矣。"《文子·道德篇》文略同。

《蜀志·姜维传评》 姜维粗有文武，志立功名，而玩众黩旅，明断不周，终致陨毙。老子有云："治大国者犹烹小鲜。"况于区区蕞尔而可屡扰乎哉？

以道莅天下，其鬼不神。

《韩非子·解老篇》 人处疾则贵医，有祸则畏鬼。圣人在上，则民少欲，民少欲则血气治而举动理，举动理则少祸害。夫内无痤疽瘅痔之害，而外无刑罚法诛之祸者，其轻恬鬼也甚，故曰："以道莅天下，其鬼不神。"

《淮南子·俶真训》高诱《注》 道家养形养神，皆以寿终，形神俱没，不但漠而已也。老子曰："以道逮天下，其鬼不神。"此谓俱没也。

非其鬼不神，其神不伤人；

《韩非子·解老篇》 治世之民不与鬼神相害也。故曰："非其鬼不神也，其神不伤人也。"

非其神不伤人，圣人亦不伤人。

《韩非子·解老篇》 鬼祟疾人之谓鬼伤人，人逐除之之谓人伤鬼也。民犯法令之谓民伤上，上刑戮民之谓上伤民。民不犯法，则上亦不行刑，上不行刑之谓上不伤人。故曰："圣人亦不伤民。"

夫两不相伤，故德交归焉。

《韩非子·解老篇》 上不与民相害，而人不与鬼相伤，故曰："两不相伤。"民不敢犯法，则上内不用刑罚，而外不事利其产业。上内不用刑罚，而外不事利其产业，则民蕃息。民蕃息而蓄积盛之谓有德。凡所谓祟者，魂魄去而精神乱，精神乱则无德。鬼不祟人，则魂魄不去，魂魄不去，则精神不乱，精神不乱之谓有德。上盛蓄积而鬼不乱其精神，则德尽在于民矣。故曰："两不相伤，则德交归焉。"言其德上下交盛而俱归于民也。

六十一章

大国者，下流，天下之交，天下之牝。牝常以静胜牡，以静为下。故大国以下小国，则取小国；小国以下大国，则取大国。故或下以取，或下而取。大国不过欲兼畜人，小国不过欲入事人。夫两者各得其所欲，大者宜为下。

树达按：则取大国及或下而取二取字，皆见取之义。

六十二章

道者，万物之奥，善人之宝，不善人之所保。

《尹文子·大道上篇》 夫道治者，则名法儒墨自废，以名法儒墨治者，则不得离道。老子曰："道者，万物之奥，善人之宝，不善人之所宝。"是道治者谓之善人，藉名法儒墨者谓之不善人。善人之与不善人，名分日离，不待审察而得也。

美言可以市尊，行可以加人。

《淮南子·道应训》 见前二十一章"窈兮冥兮"条。

《淮南子·人间训》 智伯军救水而乱，韩、魏翼而击之。襄子将卒犯其前，大败智伯军，杀其身而三分其国。襄子乃赏有功者，而高赫为赏首。群臣请曰："晋阳之存，张孟谈之功也，而赫为赏首，何也？"襄子曰："晋阳之围也，寡人国家危，社稷殆，群臣无不有骄侮之心者。唯赫不失君臣之礼，吾是以先之。"由此观之，义者，人之大本也。虽有战胜存亡之功，不如行义之隆。故老子曰："美言可以市尊，美行可以加人。"

《史记·滑稽传》 武帝时，征北海太守诣行在所。有文学卒史王先生者，自请与太守俱，"吾有益于君。君许之。"诸府掾功曹白云："王先生嗜酒，多言少实，恐不可与俱。"太守曰："先生意欲行，不可逆。"遂与俱，行至宫下，待诏宫府门。王先生徒怀钱沽酒，与卫卒仆射饮，日醉，不视其太守。太守入跪拜，王先生谓户郎曰："幸为我呼吾君至门内遥语。"户郎为呼太守。太守来，望见王先生。王先生曰："天子即问君何以治北海令无盗贼，君对曰何哉？"对曰："选择贤材，各任之以其能，赏异等，罚不肖。"王先生曰："对如是，是自誉自伐功，不可也。愿君对言，非臣之力，尽陛下神灵威武所变化也。"太守曰："诺。"召入，至于殿下，有诏问之曰："何以治北海，令盗贼不起？"叩头对言："非臣之力，尽陛下神灵威武之所变化也。"武帝大笑曰："於呼！安得长者之语而称之！安所受之？"对曰："受之文学卒史。"帝曰："今安在？"对曰："在宫府门外。"有诏拜王先生为水衡丞，以北海太守为水衡都尉。传曰："美言可以市尊，行可以加人。君子相送以言，小人相送以财。"

人之不善，何弃之有！故立天子，置三公，虽有拱璧以先驷马，不如坐进此道。古之所以贵此道者何？不曰以求得，有罪以免耶？故为天下贵。

六十三章

为无为，事无事，味无味。

《文子·道原篇》 真人者，知大己而小天下，贵治身而贱治人；不以物滑和，不以欲乱情，隐其名姓，有道则隐，无道则见；为无为，事无事，知不知也。

大小多少，报怨以德。

《新书·退让篇》　梁大夫宋就者，为边县令，与楚邻界。梁之边亭与楚之边亭皆种瓜，各有数。梁之边亭劬力而数灌其瓜，美；楚窳而希灌其瓜，恶。楚令固以梁瓜之美怒其亭瓜之恶也。楚亭恶梁瓜之贤己，因夜往窃搔梁亭之瓜，皆有死焦者矣。梁亭觉之，因请其尉，亦欲窃往报搔楚亭之瓜。尉以请宋就。就曰："恶！是何言也！是讲怨分祸之道也。恶！何称之甚也？若我教子，必每暮令人往，窃为楚亭夜善灌其瓜，令勿知也！"于是梁亭乃每夜往窃灌楚亭之瓜。楚亭旦而行瓜，则此已灌矣。瓜日以美。楚亭怪而察之，则乃梁亭也。楚令闻之，大悦，具以闻，楚王闻之，恕然丑，以志自惛也。告吏曰："微搔瓜，得无他罪乎？"说梁之阴让也，乃谢以重币，而请交于梁王。楚王时则称说梁王以为信。故梁楚之欢，由宋就始。语曰："转败而为功，因祸而为福。"老子曰："报怨以德。"此之谓乎！夫人既不善，胡足效哉？《新序·杂事篇》四文略同。

图难于其易，为大于其细。天下难事必作于易，天下大事必作于细。

《韩非子·喻老篇》　有形之类，大必起于小；行久之物，族必起于少。故曰："天下之难事必作于易，天下之大事必作于细。"是以欲制物者于其细也。故曰："图难于其易也，为大于其细也。"千丈之堤，以蝼蚁之穴溃；百尺之室，以突隙之烟焚。故白圭之行堤也，塞其穴；丈人之慎火也，涂其隙。是以白圭无水难，丈人无火患。此皆慎易以避难，敬细以远大者也。扁鹊见蔡桓公，立有间，扁鹊曰："君有疾在腠理，不治，将恐深。"桓侯曰："寡人无疾。"扁鹊出，桓侯曰："医之好治不病以为功。"居十日，扁鹊复见，曰："君之病在肌肤，不治，将益深。"桓侯不应。扁鹊出，桓侯又不悦。居十日，扁鹊复见，曰："君之病在肠胃，不治，将益深。"桓侯又不应。扁鹊出，桓侯又不悦。居十日，扁鹊望桓侯而还走。桓侯故使人问之。扁鹊曰："疾在腠理，汤熨之所及也；在肌肤，针石之所及也；在肠胃，火齐之所及也；在骨髓，司命之所属，无奈何也。今在骨髓，臣是以无请也。"居五日，桓侯体痛，使人索扁鹊，已逃秦矣。桓侯遂死。故良医之治病也，攻之于腠理。此皆争之于小者也。夫事之祸福，亦有腠理之地，故曰："圣人蚤从事焉。"

《韩非子·难三篇》 惠之为政，尤功者受赏，则有罪者免，此法之所以败也。法败而政乱，以乱政治败民，未见其可也。且民有倍心者，君上之明有所不及也。不绍叶公之明，而使之悦近而来远，是舍吾势之所能禁，而使与下行惠以争民，非能持势者也。夫尧之贤，六王之冠也。舜一从而咸包，而尧无天下矣。有人无术以禁下，恃为舜而不失其民，不亦无术乎！明君见小奸于微，故民无大谋；行小诛于细，故民无大乱。此谓"图难于其所易也，为大者于其所细也"。

《后汉书·五行志六》注引《马融集》 融延光四年日食上书云："臣伏见日食之占，自昔典籍《十月之交春秋》传记《汉注》所载史官占候群臣密对，陛下所观览，左右所讽诵，可谓详悉备矣。虽复广问，陷在前志，无以复加。乃者茀气于参，臣前得敦朴之人，后三年二月，对策北宫端门，以为：参者，西方之位，其于分野，并州是也。殆谓西戎北狄。其后种羌叛戾，乌桓犯上郡，并、凉动兵，验略效矣。今复见大异，申诫重谴于此二城，海内莫见。三月一日，合辰在娄；娄又西方之宿，众占显明者。羌及乌桓有悔过之辞，将吏策勋之名。臣恐受任典牧者苟脱目前，皆粗图一时之权，不顾为国百世之利；论者美近功，忽其远，则各相不大疚病。伏惟天象不虚，老子曰：'图难于其易也，为大于其细也。'消灾复异，宜在于今。"树达按：《融传》，融尝注《老子》。

六十四章

其安易持，其未兆易谋，

《韩非子·喻老篇》 昔晋公子重耳出亡，过郑，郑君不礼。叔瞻谏曰："此贤公子也，君厚待之，可以积德。"郑君不听。叔瞻又谏曰："不厚待之，不若杀之，无令有后患。"郑公又不听。及公子返晋邦，举兵伐郑，大破之，取八城焉。晋献公以垂棘之璧假道于虞而伐虢，大夫宫之奇谏曰："不可。唇亡而齿寒，虞虢相救，非相德也。今日晋灭虢，明日虞必随之亡。"虞君不听，受其璧而假之道。晋已取虢，还反，灭虞。此二臣者，皆争于腠理者也，而二君不用也。然则叔瞻宫之奇亦虞郑之扁鹊也，而二君不听，故郑以破，虞以亡。故曰："其安易持也，其未兆易谋也。"

其脆易泮，其微易散。

为之于未有，治之于未乱。

《新书·审微篇》 善不可谓小而无益，不善不可谓小而无伤，非以善为一足以利天下，小不善为一足以乱国家也，当夫轻始而傲微，则其流必至于大乱，是故子民者谨焉。彼人也，登高则望，临深则窥，人之性非窥且望也，势使然也。夫事有逐奸，势有召祸。老聃曰："为之于未有，治之于未乱。"

《史记·苏秦传》 秦说楚威王曰："臣闻'治之其未乱也，为之其未有也'。患至而后忧之，则无及已。"

《吴志·孙策传注》 孙盛曰："策为首事之君，有吴开国之主，将相在列，皆其旧也，而嗣子弱劣，析薪弗荷，奉之则鲁桓、田市之难作，崇之则与夷、子冯之祸兴。是以正名定本，使贵贱殊邈，然后国无陵肆之责，后嗣罔猜忌之嫌；群情绝异端之论，不逞杜觊觎之心。于情虽违，于事虽俭，至于括囊远图，永保维城，可谓'为之于其未有，治之于其未乱'者也。"

合抱之木，生于毫末；九层之台，起于累土；千里之行，始于足下。

为者败之，执者失之。

《鹖冠子·备知篇》 德之盛，山无径迹，泽无桥梁，不相往来，舟车不通。何者？其民犹赤子也。有知者不以相欺役也，有力者不以相臣主也。是以乌鹊之巢，可俯而窥也；麋鹿群居，可从而系也。至世之衰，父子相图，兄弟相疑。何者？其化薄而出于相以有为也。故为者败之，治者乱之。

《文子·上仁篇》 天之道，为者败之，执者失之。夫欲名之大而求之争之，吾见其不得已，而虽执而得之，不留也。

是以圣人无为，故无败；无执，故无失。

《文子·符言篇》 山生金，石生玉，反相剥；木生虫，还自食；人生事，还自贼。夫好事者未尝不中，争利者未尝不穷；善游者溺，善骑者堕；各以所好，反自为祸。得在时，不在争；治在道，不在圣。土处下，不争高，故安而不危；水流下，不争疾，故去而不迟。是以圣人无执，故无失；无为，故无败。

民之从事，常于几成而败之。

慎终如始，则无败事。

《文子·符言篇》 学败于官茂，孝衰于妻子，患生于忧解，病甚于且瘉。故"慎终如始，则无败事"。

是以圣人欲不欲，不贵难得之货；

《韩非子·喻老篇》 宋之鄙人得璞玉而献之子罕，子罕不受。鄙人曰："此宝也，宜为君子器，不宜为细人用。"子罕曰："尔以玉为宝，我以不受子玉为宝。"是鄙人欲玉而子罕不欲玉。故曰："欲不欲而不贵难得之货。"

学不学，复众人之所过。

《韩非子·喻老篇》 王寿负书而行，见徐冯于周。徐冯曰："事者，为也；为生于时，知者无常事。书者，言也；言生于知，知者不藏书。今子何独负之而行？"于是王寿因焚其书而舞之。故知者不以言谈教，而慧者不以书藏箧。此世之所过也，而王寿复之，是学不学也。故曰："学不学，复归众人之所过也。"

以辅万物之自然而不敢为。

《韩非子·喻老篇》 夫物有常容，因乘以导之，因随物之容。故静则建乎德，动则顺乎道。宋人有为其君以象为楮叶者，三年而成。丰杀茎柯，毫芒繁泽，乱之楮叶之中而不可别也。此人遂以功食禄于宋邦。列子闻之，曰："使天地三年而成一叶，则物之有叶者寡矣。"故不乘天地之资，而载一人之身，不随道理之数，而学一人之智，此皆一叶之行也。故冬耕之稼，后稷不能羡也；丰年大禾，臧获不能恶也。以一人力，后稷不足；随自然，则臧获有余。故曰："恃万物之自然而不敢为也。"

六十五章

古之善为道者，非以明民，将以愚之。民之难治，以其智多。故以智治国，国之贼；不以智治国，国之福。

《韩非子·难三篇》 郑子产晨出，过东匠之间，闻妇人之哭，抚其御之手而听之。有间，遣吏执而问之，则手绞其夫者也。异日，其御问曰："夫子何以知之？"子产曰："其声惧。凡人于其亲爱也，始病而忧，临死而惧，已死而哀。今哭已死，不哀而惧，是以知其有奸也。"或曰：子产之治，不亦多事乎？必奸待耳目之所及而后知之，则郑国之得奸者寡矣。不任典成之吏，不察参伍之政，不明度量，恃毒聪明劳智虑而以知奸，不亦无术乎？且夫物众而智寡，寡不胜众，智不足以遍知物，故则因物以治物。下众而上寡，寡不胜众者，言君不足以遍知臣也，故因人以知人。是以形体不劳而事治，智虑不用而奸得。故宋人语曰："一雀过，羿必得之，则羿诬矣。以天下为之罗，则雀不失矣。"夫知奸亦有大罗，不失其一而已矣。不修其理，而以己之胸察为之弓矢，则子产诬矣。老子曰："以智治国，国之贼也。"其子产之谓矣。

《文子·道原篇》 见前五十七章"人多伎巧"条。

《后汉纪·灵帝纪下》 袁宏曰："在溢则激，处平则恬，水之性也；急之则扰，缓之则静，民之情也。故善治水者引之使平，故无冲激之患；善治人者，虽不为盗，终归刻薄矣；以民心为治者，下虽不时，终归敦厚矣。老子曰：'古之为道者，不以明民，将以愚之，故以智治国，国之贼也。'"

知此两者，亦稽式。常知稽式，是谓玄德。

玄德深矣，远矣，与物反矣。

《文子·自然篇》 王公修道，功成不有，不有即强固，强固而不以暴人。道深即德深，德深即功名遂成。此谓玄德深矣远矣，其与物反矣。

然后乃至大顺。

六十六章

江海所以能为百谷王者，以其善下之，故能为百谷王。

《淮南子·说山训》 江河所以能长百谷者，能下之也，夫惟能下之，是以能上之。

《后汉书·南匈奴传》 冬，孟云上言："北虏之前既和亲，而南部复往钞掠，北单于谓汉欺之，谋欲犯塞，谓宜还南所掠生口，以慰安其意。"肃宗从太仆袁安议，许之。乃下诏曰："昔獯狁、獯粥之敌中国，其所由来尚矣。往者虽有和亲之名，终无丝发之效。烧堁之人，屡婴涂炭；父战于前，子死于后；弱女乘于亭障，孤儿号于道路；老母寡妻，设虚祭，饮泣泪，想望归魂于沙漠之表，岂不哀哉！传曰：'江海所以能长百川者，以其下之也。'少加屈下，尚何足病！"

是以欲上民，必以言下之；欲先民，必以身后之。是以圣人处上而民不重；处前而民不害；是以天下乐推而不厌。以其不争，故天下莫能与之争。

《文子·符言篇》 人之情，心服于德，不服于力。德在与，不在求。是以圣人之欲贵于人者先贵于人，欲尊于人者先尊于人；欲胜人者先自胜；欲卑人者先自卑。故贵贱尊卑，道以制之。夫古之圣王，以其言下人，以其身后人，即天下乐推而不厌，戴而不重。此德有余而气顺也。故知与之为取，后之为先，即几于道矣。

《文子·道德篇》 夫欲上人者，必以其言下之；欲先人者，必以其身后之。天下必效其欢爱，进其仁义，而无苛气。居上而民不重，居前而众不害，天下乐推而不厌。虽绝国殊俗，蜎飞蠕动，莫不亲爱。无之而不通，无往而不遂，故为天下贵。

《文子·道原篇》 故圣人不以事滑天，不以欲乱情；不谋而当，不言而信，不虑而得，不为而成。是以处上而民不重，居前而人不害。天下归之，奸邪畏之。以其无争于万物也，故莫敢与之争。

六十七章

天下皆谓我道大，似不肖。夫唯大，故似不肖。若肖，久矣其细也夫！

我有三宝，持而保之：

《韩非子·解老篇》 事必万全而举无不当，则谓之宝矣。

故曰:"吾有三宝,持而宝之。"

一曰慈,二曰俭,

三曰不敢为天下先。

《韩非子·解老篇》 凡物之有形者,易裁也,易割也。何以论之？有形则有短长,有短长则有小大,有小大则有方圆,有方圆则有坚脆,有坚脆则有轻重,有轻重则有白黑。短长大小方圆坚脆轻重白黑之谓理,理定而物易割也。故议于大庭而后言,则立权议之士知之矣。故欲成方圆而随其规矩,则万事之功形矣。而万物莫不有规矩,议言之士,计会规矩也。圣人尽随于万物之规矩,故曰:"不敢为天下先。"

慈,故能勇；

《韩非子·解老篇》 爱子者慈于子,重生者慈于身,贵功者慈于事。慈母之于弱子也,务致其福；务致其福,则事除其祸；事除其祸,则思虑熟；思虑熟,则得事理；得事理,则必成功；必成功,则其行之也不疑。不疑之谓勇。圣人之于万事也,尽如慈母之为弱子虑也,故见必行之道；见必行之道,则其从事亦不疑,不疑之谓勇。不疑生于慈,故曰:"慈,故能勇。"

俭,故能广；

《韩非子·解老篇》 周公曰:"日之闭冻也不固,则春夏之长草木也不茂。"天地不能常侈常费,而况于人乎？故万物必有盛衰,万事必有弛张；国家必有文武,官治必有赏罚。是以智士俭用其财则家富,圣人爱宝其神则精盛,人君重战其卒则民众,民众则国广,是以举之曰:"俭,故能广。"

不敢为天下先,故能成器长。

《韩非子·解老篇》 不敢为天下先，则事无不事，功无不功，而议必盖世。欲无处大官，其可乎？处大官之谓为成事长，是以故曰："不敢为天下先，故能为成事长。"

今舍慈且勇，舍俭且广，舍后且先，死矣。

夫慈，以战则胜，以守则固。

《韩非子·解老篇》 慈于子者不敢绝衣食，慈于身者不敢离法度，慈于方圆者不敢舍规矩。故临兵而慈于士吏，则战胜敌；慈于器械，则城坚固。故曰："慈，于战则胜，以守则固。"

天将救之，以慈卫之。

《韩非子·解老篇》 夫能自全也而尽随于万物之理者，必且有天生。天生也者，生心也。故天下之道，尽之生也，若以慈卫之也。

六十八章

善为士者不武，善战者不怒，善胜敌者不与，善用人者为之下。是谓不争之德，是谓用人之力，是谓配天古之极。

六十九章

用兵有言：吾不敢为主而为客，不敢进寸而退尺。是谓行无行，攘无臂，扔无敌，执无兵。祸莫大于轻敌；轻敌几丧吾宝。故抗兵相加，哀者胜矣。

七十章

吾言甚易知,甚易行;天下莫能知,莫能行。

言有宗,事有君;夫唯无知,是以不我知。

《淮南子·道应训》 白公问于孔子曰:"人可以微言乎?"孔子不应。白公曰:"若以石投水中,何如?"曰:"吴越之善没者能取之矣。"曰:"若以水投水,何如?"孔子曰:"菑渑之水合,易牙尝而知之。"白公曰:"然则人固不可与微言乎?"孔子曰:"何谓不可?唯知言者之谓乎!"夫知言之谓者,不以言言也。争鱼者濡,争兽者趋,非乐之也。故至言去言,至为去为。夫浅知之所争者,末矣。白公不得也,故死于浴室。故老子曰:"言有宗,事有君;夫唯无知,是以不吾知也。"白公之谓也。《文子·微明篇》文略同,彼作文子问老子语。

《文子·精诚篇》 老子曰:言有宗,事有本;失其宗本,技能虽多,不如寡言。害众者亟而使断其指,以明大巧之不可为也,故匠人智为不以,能以时闭,不知闭也,故必杜而后开。

知我者希,则我者贵。

《汉书·杨雄传》 雄《解难》云:"是以声之眇者,不可同于众人之耳;形之美者,不可棍于世俗之目;辞之衍者,不可齐于庸人之听。今夫弦者高张急徽,追趋逐耆,则坐者不期而附矣。试为之施咸池,揄六茎,发萧韶,咏九成,则莫有和也。是故钟期死,伯牙绝弦破琴而不肯与众鼓;獿人亡,则匠石辍斤而不敢妄斫。师旷之调钟,竢知音者之在后也;孔子作

《春秋》,几君子之前睹也。老聃有遗言,贵知我者希,此非其操与?"

是以圣人被褐怀玉。

七十一章

知不知,上;不知知,病。

《吕氏春秋·似顺论·别类篇》 知不知,上矣。过者之患,不知而自以为知。物多类然而不然,故亡国僇民无已。夫草有莘有藟,独食之则杀人,合而食之则益寿。万堇不杀,漆淖水淖,合两淖则为蹇,湿之则为乾;金柔锡柔,合两柔则为刚,燔之则为淖。或湿而乾,或燔而淖,类固不必可推知也。小方,大方之类也;小马,大马之类也;小智,非大智之类也。

《淮南子·道应训》 秦穆公兴师,将以袭郑。蹇叔曰:"不可。臣闻:袭国者,以车不过百里,以人不过三十里,为其谋未及发泄也,甲兵未及锐弊也,粮食未及乏绝也,人民未及罢病也。皆以其气之高与其力之盛至,是以犯敌能威。今行数千里,又数绝诸侯之地以袭国,臣不知其可也。君重图之!"穆公不听。蹇叔送师,衰絰而哭之,师遂行。过周而东,郑贾人弦高矫郑伯之命,以十二牛劳秦师而宾之。三帅乃惧而谋曰:"吾行数千重以袭人,未至而人已知之,其备必先成,不可袭也。"还师而去。当此之时,晋武公适薨,未葬。先轸言于襄公曰:"昔吾先君与穆公交,天下莫不闻,诸侯莫不知。今吾君薨未葬,而不吊吾丧,而不假道,是死吾君而弱吾孤也。请击之!"襄公许诺。先轸举兵而与秦师遇于殽,大破之,擒其三帅以归。穆公闻之,素服庙临以说于众。故老子曰:"知而不知,上矣;不知而知,病也。"

《文子·符言》 时之行,动则从,不知道者福为祸;天为盖,地为轸,善用道者终无尽;地为轸,天为盖,善用道者终无害。陈彼五行必有胜,天之所覆无不称。故知不知,上也;不知知,病也。

夫唯病病,是以不病。

《潜夫论·思贤篇》 老子曰:"夫唯病病,是以不病。"《易》称"其亡,其亡!系于苞桑"。是故养寿之士,先病服药;养世之君,先乱任贤。是以身常安而国永永也。

圣人不病,以其病病,是以不病。

《韩非子·喻老篇》 越王之霸也不病宦,武王之王也不病署。故曰:"圣人之不病也,以其不病,是以无病也。"

七十二章

民不畏威,则大威至。无狎其所居,无厌其所生。夫唯不厌,是以不厌。是以圣人自知不自见,自爱不自贵,故去彼取此。

七十三章

勇于敢则杀,勇于不敢则活,此两者,或利或害。

《淮南子·道应训》 惠孟见宋康王。康王蹀足謦欬疾言曰:"寡人所说者,勇有力也,不说为仁义者也,客将何以教寡人？"惠孟对曰："臣有道于此，人虽勇，刺之不入；虽巧有力，击之不中。大王独无意邪？"宋王曰："善。此寡人之所欲闻也。"惠孟曰："夫刺之而不入，击之而不中，此犹辱也。臣有道于此，使人虽有勇，弗敢刺；虽有力，不敢击。夫不敢刺，不敢击，非无其意也。臣有道于此，使人本无其意也。夫无其意，未有爱利之心也。臣有道于此，使天下丈夫女子莫不欢然皆欲爱利之心。此其贤于勇有力也，四累之上也。大王独无意邪？"宋王曰："此寡人所欲得也。"惠孟对曰："孔墨是已。孔丘、翟墨无地而为君，无官而为长。天下丈夫女子莫不延颈举踵而愿安利之者。今大王，万乘之主也。诚有其志，则四境之内皆得其利矣。此贤于孔墨也远矣。"宋王无以应。惠孟出，宋王谓左右曰："辩矣客之以说胜寡人也！"故老子曰："勇于敢则杀，五字据王念孙校增。勇于不敢则活。"由此观之，大勇反为不勇耳。《文子·道德篇》文略同。

《淮南子·人间训》 秦牛缺径于山中而遇盗，夺之车马，解其囊笥，拖其衣被。盗还反顾之，无惧色忧志，欢然有以自得也。盗遂问之曰："吾夺子财货，劫子以刀，而志不动，何也？"秦牛缺曰："车马，所以载身也；衣服，所以掩形也。圣人不以所养害其养。"盗相视而笑，曰："夫不以欲伤生，不以利累形者，世之圣人也。以此而见王者，必且以我为事也。"还反杀之。此能以知知矣，而未能以知不知也；能勇于敢，而未能勇于不敢也。

天之所恶，孰知其故？

《列子·力命篇》 杨朱之友曰季梁，季梁得病，七日，大渐，其子环而泣之，请医。季梁谓杨朱曰："吾子不肖如此之甚，汝奚不为我歌以晓之？"杨朱歌曰："天其弗识，人胡能解？匪祐自天，弗孽由人；我乎汝乎！其弗知乎！医乎巫乎！其知之乎！"其子弗晓，终谒三医：一曰矫氏，二曰俞氏，三曰卢氏，诊其所疾。矫氏谓季梁曰："汝寒温不节，虚实失度，病由饥饱色饮，精虑烦散，非天非鬼，虽渐，可攻也。"季梁曰："众医也，亟屏之！"俞氏曰："女始则胎气不足，乳湩有余，病非一朝一夕之故，其所由来渐矣，弗可已也。"季梁曰："良医也，且食之！"卢氏曰："汝疾不由天，亦不由人，亦不由鬼，禀生受形，既有制之者矣，亦有知之者矣。药石其如汝何？"季梁曰："神医也，重贶遣之！"俄而季梁之疾自瘳。生非贵之所能存，身非爱之所能厚；生亦非贱之所能夭，身亦非轻之所能薄。故贵之或不生，贱之或不死；爱之亦不厚，轻之或不薄。此似反也，非反也；此自生，自死，自厚，自薄。或贵之而生，或贱之而死；或爱之而厚，或轻之而薄。此似顺也，非顺也；此亦自生，自死，自厚，自薄。鬻熊语文王曰："自长非所增，自短非所损，算之所亡若何？"老聃语关尹曰："天之所恶，孰知其故？"言迎天意，揣利害，不如其已。

是以圣人犹难之。天之道，不争而善胜，不言而善应，不召而自来。繟然而善谋。

天网恢恢，疏而不失。

《后汉书·郎𫖮传》 𫖮条便宜云："王者崇宽大，顺春令，则雷应节，否则发动于冬，当震反潜。故《易传》曰：'当雷不雷，太阳弱也。'今蒙气不除，日月变色，则其效也。'天网恢恢，疏而不失'，随时进退，应政得失。"

七十四章

民不畏死,奈何以死惧之?

《尹文子·大道下篇》 老子曰:"民不畏死,如何以死惧之?"凡民之不畏死,由刑罚过。刑罚过,则民不赖其生,生无所赖,视君之威末如也。刑罚中,则民畏死,畏死,由生之可乐也。知生之可乐,故可以死惧之。此人君之所宜执,臣下之所宜慎。

若使民常畏死而为奇者,吾得执而杀之,孰敢?常有司杀者杀。夫代司杀者杀,是谓代大匠斫。夫代大匠斫者,希有不伤其手矣。

《淮南子·道应训》 昔尧之佐九人,舜之佐七人,武王之佐五人。尧、舜、武王于九七五者,不能一事焉。然而垂拱受成功者,善乘人之资也。故人与骥逐走,则不胜骥;托于车上,则骥不能胜人。北方有兽,其名曰蹷,鼠前而兔后,趋则顿,走则颠,常为蛩蛩駏驴取甘草以与之。蹷有患害,蛩蛩駏驴必负而走。此以其能托其所不能。故老子曰:"夫代大匠斫者,希不伤其手。"

《文子·上仁篇》 老子曰:鲸鱼失水,则制于蝼蚁。人君舍其所守而与臣争事,则制于有司。以无为持位守职者,以听从取容;臣下藏智而不用,反以事专其上。人君者不任能而好自为,则智日困而自负责。数穷于下,则不能申理;行堕于位,则不能持制。智不足以为治,威不足以行刑,则无以与天下交矣。喜怒形于心,嗜欲见于外,则守职者离正而阿上,有司枉法而从风。赏不当功，诛不应罪，则上下乖心，君臣相怨，百官烦乱而智不能解，非誉萌生而明不能照。非己之失而反自责，则人主愈劳，人臣愈佚。是代大匠斫；夫代大匠斫者，希有不伤其手矣。

七十五章

民之饥，以其上食税之多，是以饥。

《后汉书·郎颚传》 颚条便宜云："王者之义，时有不登，则损滋彻膳。数年以来，谷收稍减，家贫户馑，岁不如昔。百姓不足，君谁与足？水旱之灾虽尚未至，然君子远览，防微虑萌。老子曰：'人之饥也，以其上食税之多也。'"

民之难治，以其上之有为，是以难治；

民之轻死，以其上求生之厚，是以轻死。夫唯无以生为者，是贤于贵生。

《淮南子·道应训》 昔孙叔敖三得令尹，无喜志；三去令尹，无忧色。延陵季子，吴人愿一以为王而不肯。许由让天下而弗受。晏子与崔杼盟，临死地不变其仪。此皆有所远通也。精神通于死生，则物孰能惑之？荆有佽非，得宝剑于干队，还反，度江，至于中流，阳侯之波两蛟侠绕其船。佽非谓枻船者曰："尝有如此而得活者乎？"对曰："未尝见也。"于是佽非勃然瞋目攘臂拔剑曰："武士可以仁义之礼说也，不可劫而夺也。此江中之腐肉朽骨，弃剑而已，余有奚爱焉？"赴江刺蛟，遂断其头。船中人尽活，风波毕除。荆爵为执圭。孔子闻之，曰："夫善载腐肉朽骨弃剑者，佽非之谓乎！"故老子曰："夫唯无以生为者，是贤于贵生焉。"

《淮南子·精神训》 见前五十章"夫何故"条。

七十六章

人之生也柔弱，其死也坚强；万物草木之生也柔脆，其死也枯槁。故坚强者死之徒，柔弱者生之徒。是以兵强则不胜，木强则兵。

《列子·黄帝篇》 天下有常胜之道，有不常胜之道。常胜之道曰柔，常不胜之道曰强。二者亦知，而人未之知。故上古之言：强，先不己若者；柔，先出于己者。先不己若者，至于若己，则殆矣；先出于己者，亡所殆矣。以此胜一身，若徒；以此任天下，若徒。谓不胜而自胜，不任而自任也。粥子曰："欲刚，必以柔守之；欲强，必以弱保之。积于柔必刚，积于弱必强，观其所积，以知祸福之乡。强胜不若己，至于若己者刚；柔胜出于己者，其力不可量。"老聃曰："兵强则灭，木强则折。柔弱者生之徒，坚强者死之徒。"《淮南子·原道训》《文子·道原篇》文皆略同。

《说苑·敬慎篇》 见前四十三章"天下之至柔"条。

强大处下，柔弱处上。

七十七章

天之道，其犹张弓与！高者抑之，下者举之；有余者损之，不足者补之。

《文子·十守篇》 天之道，抑高而举下，损有余，补不足。江海处地之不足，故天下归之奉之。圣人卑谦清静辞让者，见下也；虚心无有者，见不足也。见下，故能致其高；见不足，故能成其贤。

天之道，损有余而补不足。人之道则不然，损不足以奉有余。孰能有余以奉天下？唯有道者。是以圣人为而不恃，功成而不处，其不欲见贤。

七十八章

天下莫柔弱于水，而攻坚强者莫之能胜，其无以易之。

《淮南子·道应训》 见前四十二章"天下之至柔"条。

弱之胜强，柔之胜刚，天下莫不知，莫能行。

《淮南子·道应训》 越王勾践与吴战而不胜，国破身亡，因于会稽，忿心张胆，气如涌泉，选练甲卒，赴火若灭。然而请身为臣，妻为妾，亲执戈为吴王先马，果擒之于干遂。故老子曰："柔之胜刚也，弱之胜强也，天下莫不知，而莫之能行。"越王亲之，故霸中国。

是以圣人云：受国之垢，是谓社稷主；

《淮南子·道应训》 晋伐楚，三舍不止。大夫请击之。庄王曰："先君之时，晋不伐楚。及孤之身而晋伐楚，是孤之过也，若何其辱！"群大夫曰："先臣之时，晋不伐楚，今臣之身也，晋伐楚，此臣之罪也。请三击之！"王俯而泣涕沾襟，起而拜群大夫。晋人闻之，曰："君臣争以过为在己，且轻下其臣，不可伐也。"夜还师而归。老子曰："能受国之垢，是谓社稷主。"

受国不祥，是为天下王。

《淮南子·道应训》 宋景公之时，荧惑在心。公惧，召子韦而问焉，曰："荧惑在心，何也？"子韦曰："荧惑，天罚也；心，宋分野。祸且当君。虽然，可移于宰相。"公曰："宰相，所使治国家也，而移死焉，不祥。"子韦曰："可移于民。"公曰："民死，寡人谁为君乎？宁独死耳！"子韦曰："可移于岁。"公曰："岁，民之命，岁饥，民必死矣。为人君而欲杀其民以自活也，其谁以我为君者乎？是寡人之命固已尽矣！子无复言矣！"子韦还走，北面再拜，曰："敢贺君！天之处高而听卑，君有君人之言三，天必三赏君。今夕，星必徙三舍，君延年二十一岁。"公曰："子奚以知之？"对曰："君有君人之言三，故有三赏，星必三徙舍。舍行七星，星当一年，三七二十一，故君移年二十一岁。臣请伏于陛下以伺之。星不徙，臣请死之。"公曰："可。"是夕也，星果三徙舍。故老子曰："能受国之不祥，是谓天下王。"《新序·杂事篇》四文同。

正言若反。

七十九章

和大怨，必有余怨，安可以为善？

《文子·微明篇》 见前三十一章。

是以圣人执左契而不责于人。有德司契，无德司彻。

天道无亲，常与善人。

《史记·伯夷传》 或曰："天道无亲，常与善人。"若伯夷叔齐，可谓善人非邪？积仁絜行如此，而饿死。且七十子之徒，仲尼独荐颜渊为好学，然回也屡空，糟糠不厌，而卒蚤夭。天之报施善人，其何如哉？

八十章

小国寡民，使有什伯之器而不用；

《文子·符言篇》 天下虽大，好用兵者亡；国家虽安，好战者危。故小国寡民，虽有什伯之器而勿用。

使民重死而不远徙；虽有舟舆，无所乘之；虽有甲兵，无所陈之；

使人复结绳而用之。甘其食，美其服，安其居，乐其俗，邻国相望，鸡犬之声相闻，民至老死不相往来。

《庄子·胠箧篇》 昔者容成氏、大庭氏、伯皇氏、中央氏、栗陆氏、骊畜氏、轩辕氏、赫胥氏、尊卢氏、祝融氏、伏羲氏、神农氏，当是时也，民结绳而用之，甘其食，美其服，乐其俗，安其居，邻国相望，鸡狗之音相闻，民至老死而不相往来。若此之时，则至治已。今遂至使民延颈举踵曰，"某所有贤者"，赢粮而趋之，则内弃其亲而外去其主之事，足迹接乎诸侯之境，车轨结乎千里之外。则是上好知之过也。上诚好知而无道，则天下大乱矣。

《史记·货殖传》 老子曰："至治之极，邻国相望，鸡狗之声相闻，民各甘其食，美其服，安其俗，乐其业，至老死不相往来。"必用此为务，挽近世涂民耳目，则几无行矣。

八十一章

信言不美，美言不信；善者不辩，辩者不善；知者不博，博者不知。

圣人不积，既以为人，己愈有；既以与人，己愈多。

《战国策·魏策一》 魏公叔座为魏将，而与韩、赵战浍北，禽乐祚，魏王说，迎郊，以赏田百万禄之。公叔座反走，再拜辞曰："夫使士卒不崩，直而不倚，挠拣而不辟者，此吴起余教也。臣不能为也。前脉形地之险阻，决利害之备，使三军之士不迷惑者，巴宁、爨襄之力也。县赏罚于前，使民昭然信之于后者，王之明法也。见敌之可也，鼓之不敢怠倦者，臣也。王特为臣之右手不倦，赏臣，何也？若以臣之有功，臣何力之有乎？"王曰："善。"于是索吴起之后，赐之田二十万，巴宁爨襄田各十万。王曰："公叔岂非长者哉！既为寡人胜强敌矣，又不遗贤者之后，不掩能士之迹，公叔何可无益乎！"故又与田四十万，加之百万之上，使百四十万。故老子曰："圣人无积，尽以为人，己愈有；既以与人，己愈多。"公叔当之矣。

天之道，利而不害；圣人之道，为而不争。

汉代老学者考

汉世老子之学盛行。《诗》家如韩婴，所著《韩诗外传》，称述老子之言。又如董仲舒力主屏百家以尊儒术者也，其所著书中，亦颇有道家言。然则文景二帝好老子，其风所被广矣。余今考得传记明载习《老子》或称好其术，凡得五十余人；其非毁老子者，凡二人。所据以司马、班、范、荀、袁五家之书为主，其有漏略，他日详焉。

盖公　曹参

《史记·曹相国世家》云："参之相齐，闻胶西有盖公善治黄老言，使人厚币请之，即见。盖公为言治道贵清静而民自安，推此类具言之。参于是避正堂，舍盖公焉。其治要用黄老术，故相齐九年，齐国安集，大称贤相。"

又《乐毅传赞》云："乐臣公学《黄帝老子》。乐臣公教盖公，盖公教于齐高密胶西，为曹相国师。"

又《太史公自序》云："曹参荐盖公言黄、老。"

陈　平

《汉书·陈平传》云："少时，家贫，好读书，治黄帝、老子之术。"

田　叔

《史记·田叔传》云："叔喜剑，学黄老术于乐巨公所。"

《汉书·田叔传》云："叔好剑，学黄老术于乐巨公。"

河上公　汉文帝

河上公序《老子》云："亲以所注《老子》授文帝。"《史记·礼书》云："孝文即位，有司议欲定仪礼，孝文好道家之学，以为繁礼饰貌，无益于治。"《风俗通·正失篇》云："然文帝本修黄老之言，不甚好儒术。"

《隋书·经籍志·道德经》注云："汉文时河上公注。"

司马季主

《史记·日者传·褚先生补》云："夫司马季主者，楚贤大夫，游学长安，通《易》经术《黄帝》《老子》，博闻远见。"

窦太后　汉景帝　窦氏子弟

《汉书·田蚡传》云："太后好黄老言。"

又《外戚传》云："窦太后好黄帝、老子言，景帝及诸窦不得不读《老子》，尊其术。"

又《儒林传》云："太皇窦太后喜老子言，不说儒术。"

> 树达按：《汉书·杨雄传赞》谓景帝以为老子过于五经，见后司马迁条下。

> 又按文帝窦后景帝皆习《老子》，则一家夫妇父子同好也。

直不疑

《史记·万石张叔传》云："不疑学老子言。"

《汉书》同。

王　生

《史记·张释之列传》云:"王生者,善为黄老言,处士也。"

《汉书》同。

汲　黯

《史记·汲郑列传》云:"黯学黄老之言。"

《汉书·汲黯传》云:"黯学黄老言。"

郑当时

《史记·汲郑列传》云:"郑当时者,字庄。庄好黄老之言。"

《汉书·郑当时传》云:"当时好黄老言。"

黄子　司马谈

《史记·太史公自序》云:"谈为太史公,太史公习《道论》于黄子。"

《汉书·司马迁传》同。师古曰:"景帝时人也。《儒林传》谓之黄生,与辕固争论于上前;谓汤、武非受命,乃弑也。"

司马迁

《汉书·杨雄传赞》云:"桓谭曰:'昔老聃著虚无之言两篇,薄仁义,非礼学,然后世好之者尚以为过于五经,自汉、文、景之君,及司马迁皆有是言。'"

树达按:谈、迁父子世学《老子》。

杨王孙

《汉书·杨王孙传》云:"杨王孙者,孝武时人也,学黄老之术。"

刘　德

《汉书·楚元王传》云："德，字路叔。少修黄老术。德常持老子知足之计。妻死，大将军光欲以女妻之，德不敢取，畏盛满也。"

荀悦《汉纪》十八云："宗正阳成侯刘德者，辟强之子也。好黄老术。"

> 树达按：德为刘向之父，向有《老子说》，见《艺文志》，亦父子世学老子也。

邓　章

《汉书·晁错传》云："建元中，上招贤良，公卿言邓先。邓先时免，起家为九卿。一年，复谢病免归。其子章以修黄老言显诸公间。"

严　遵

《汉书·王贡·两龚鲍传》云："蜀有严君平。君平卜筮于成都市，裁日阅数人，得百钱足自养，则闭肆下帘而授《老子》。依老子严周之指著书十余万言。"

《蜀志·秦宓传》云："严君平见黄老，作《指归》。"

《隋书·经籍志·道德经》注云："梁有隐士严遵注二卷。"

邻氏　傅氏　徐氏　刘向

《汉书·艺文志》有《老子·邻氏传》四篇，《老子·傅氏经说》三十七篇，《老子·徐氏经说》六篇，刘向《说老子》四篇。

蔡　勋

《后汉书·蔡邕传》云："六世祖勋，好黄老，平常时，为郿令。"

安丘望之　耿况　王伋

《后汉书·耿弇传》云:"父况,字侠游,以明经为郎,与王莽从弟伋共学《老子》于安丘先生。"李《注》引嵇康《圣贤高士传》曰:"安丘望之,字仲都,京兆长陵人。少持《老子经》,恬净不求进宦,号曰安丘丈人。成帝闻,欲见之,望之辞不肯见,为巫医于人间也。"

皇甫谧《高士传》云:"望之著《老子章句》,故《老子》有安邱之学。扶风耿况王伋等皆师事之,从受《老子》。"

《隋书·经籍志·道德经》注云:"梁有汉长陵三老《毋丘望之注》二卷。"

班 嗣

《汉书·叙传》云:"嗣虽修儒学,然贵老严之术。"按:汉人讳庄为严。

杜 房

《弘明集》五引桓谭《新论·祛蔽篇》云:"余尝过故陈令同郡杜房,见其读《老子》书,言:'老子用恬淡养性致寿数百岁。'"

甄 宇

《东观汉记》云:"宇清静少欲,常称老氏知足之分。"

冯 衍

《后汉书·冯衍传》衍《自论》云:"年衰岁暮,悼无成功,将西田牧肥饶之野,殖生产,修孝道,营宗庙,广祭祀,然后阖门讲习《道德》,观览乎孔、老之论。"

> 树达按:《自论》又云:"冯子以为夫人之德,不碌碌如玉,落落如石。"又《显志赋》云:"大老聃之贵玄。"又云:"名与身其孰亲。"皆用《老子》文,则衍诚慕老

者也。

向　长

《后汉书·逸民·向长传》云："好通《老》、《易》。"

高　恢

《后汉书·逸民·梁鸿传》云："鸿友人京兆高恢，少好《老子》，隐于华阴山中。"

任　光

袁宏《后汉纪》二云："光好黄、老言，为人纯厚。"

> 树达按：《范书》不载。

任　隗

《后汉书·任隗传》云："隗少好黄、老，清静寡欲。"
《后汉纪》同。

> 树达按：隗，光之子也，此亦父子世学。

范　升

《后汉书·范升传》云："及长，习《梁丘易》、《老子》，教授后生。"

淳于恭

《后汉书·淳于恭传》云："恭善说《老子》，清静不慕荣名，进对陈政，皆本道德。"

楚王英

《后汉书·楚王英传》云："英少时，好游侠，交通宾客，晚节更喜黄、老学。"

郑　均

《后汉书·郑均传》云："均少好黄、老书。"

《东观汉记》云："均治《尚书》，好黄、老，淡泊无欲，清静自守,不慕游宦。"

樊　融

《后汉书·酷吏·樊晔传》云:"子融,有俊才,好黄、老,不肯为吏。"

樊　瑞

《后汉书·樊准传》云:"父瑞,好黄、老言,清静少欲。"

翟　酺

《后汉书·翟酺传》云:"好《老子》。"

马　融

《后汉书·马融传》云:"注《孝经》、《论语》、《诗》、《易》、《三礼》、《尚书》、《列女传》、《老子》、《淮南子》、《离骚》。"

杨　厚

《后汉书·杨厚传》云:"归家修黄、老教授,门生上名录者三千余人。"

周　勰

《后汉书·周勰传》云:"常隐处窜身,慕老聃清净,杜绝人事。"

矫　慎

《后汉书·逸民传》云:"矫慎少学黄、老。隐遁山谷,因穴为室,仰慕松、乔道引之术,与马融、苏章乡里并时。"

汉桓帝

《后汉书·循吏·王涣传》云:"延熹中,桓帝事黄、老道。"

又《西域传》云:"桓帝好神,数祀浮图老子。"

树达按：此竟以老子为教主矣。

张 角

《后汉书·皇甫嵩传》云："初，巨鹿张角自称大贤良师，奉事黄老道，畜养弟子，跪拜首过，符水咒说以疗，病者颇愈，百姓信向之。"

树达按：此后世道教之始，与老子之学盖远矣。

向 栩

《后汉书·独行传》云："向栩，向长之后，恒读《老子》。"

树达按：长好《老子》，见前，此亦家世其学也。

折 像

《后汉书·方术传》云："像能通《京氏易》，好黄、老言。"

刘 先

《后汉书·刘表传》注引《零陵先贤传》云："先字始宗，博学强纪，尤好黄老，明习汉家典故。"

冯 颢

《华阳国志》云："冯颢，字叔宰，广汉郪人也。作《易章句》，修黄、老，恬然终日。"

附非毁老子学者二人。

辕固生

《汉书·儒林传》云："窦太后好老子书，召问固。固曰：'此家人言耳。'"

刘 陶

《后汉书·刘陶传》云:"陶著书数十万言,又作《七曜论》,匡老子,反韩非,复孟轲。"

十三年六月三日,遇夫写于北京屯绢胡同寓庐。